북한의 외교

먹기 위한 개방,
살기 위한 핵외교

차 례
Contents

프롤로그

북한의 외교사를 자세히 들여다보면 고난의 연속이었음을
알 수 있다. 소련에 의하여 수립된 북한체제는 한국전쟁을 치르
는 동안 패배의 수렁에 빠졌으나, 중국의 도움을 받아 회생하
면서 소련과 더불어 중국에 대한 이중외교를 추진해야 했다. 또
한 1950년대 후반부터 시작된 중국과 소련의 분쟁 틈바구니에
서 생존을 위한 등거리외교, 자주외교를 추진하지 않을 수 없
었다.

1980년대 중반에는 공산주의 경제체제의 모순점을 극복하
고 쇠락하는 경제를 복구하기 위하여 '합영법'을 제정하여 중
국식의 경제개방을 모색했지만 실패했고, 결국 1989년 세계냉
전의 종식 이후 본격적인 체제위기에 처하게 됐다. 세계가 화해

와 협력의 방향으로 나아가는 상황에서 북한도 이를 거역하기 힘들었고, 심각해지는 경제난을 극복하기 위하여 다양한 방식을 동원한 제2차 개방을 모색하게 된다.

1990년대 초반 나진·선봉을 자유무역지대로 선정하여 특구를 통한 중국식 개방을 모색하고 남한, 미국, 일본과의 관계 개선을 추진했다. 그러나 이것도 실패로 돌아가자 결국 1993년 핵확산금지조약(NPT)의 탈퇴를 선언함으로써 핵카드를 활용한 벼랑 끝 외교를 시작했다. 김일성이 사망한 지 3개월 후인 1994년 10월, 미국과 북한이 협상을 통해 핵문제를 일단락했고 북한은 여러 가지 이득을 취했다. 이후 북한은 개방과 벼랑 끝 외교를 상황에 맞게 적절히 구사하고 있다.

1990년대 초반 우리 국민과 전문가들의 과반수 이상은 북한이 10년 내에 붕괴할 것이라고 예상했다. 1991년 김일성은 신년사에서 한반도의 통일은 '누가 누구를 먹거나 누구에게 먹히지 않는 원칙'으로 하면 안 된다면서 자신들의 체제위기, 즉 자신들이 흡수통일을 두려워하고 있음을 사실상 인정했다. 그러나 20년이 지난 지금도 북한은 건재하다. 어떻게 북한은 심각한 체제위기에도 불구하고 아직까지 생존하고 있는가? 여기에는 외교의 역할이 크다.

물론 그 외교가 비윤리적이고 불법적인 측면은 강했지만 개방외교와 벼랑 끝 외교를 적절히 구사하여 근근이 체제생존을 유지해 온 것이다. 지리적·역사적·경제적인 측면에서 북한의 외교 환경은 별로 유리한 편이 아니다. 지정학적으로 중국·소련·한국·일본에 둘러싸여 있고 미국도 깊이 개입하고 있다. 이러한 불리한 환경 때문에 폐쇄적인 대외관계를 유지하면 외부로부터의 위협이 이어지고, 경제난 때문에 체제발전은커녕 생존도 어려운 상황에 처해 있다. 또 개방을 하려 해도 그 부작용 때문에 망설이지 않을 수 없다. 한편 벼랑 끝 외교는 잘 먹혀들어가면 좋지만 자칫 잘못하면 오히려 소외와 공격의 대상이 될 수도 있다.

이 책은 북한이 이러한 불리한 환경에서 어떻게 생존해 왔는지를 외교적인 측면에서 다루고자 한다. 체제발전을 목적으로 한 적극적인 외교가 아니라 겨우 체제생존을 모색하는 소극적인 외교였지만, 붕괴 직전의 극한 상황에서 북한 외교가 어떻게 체제를 수호해 왔는지 분석·평가해 보는 것이 이 책의 목적이다. 그리고 결론에서는 김정일 사망 이후의 김정은 외교는 어떠한 방향으로 나아갈 지를 전망해 보고자 한다.

북한 외교의 성격

북한 외교의 환경적 요인

북한 외교에 영향을 미치는 요인으로는 정치적 요인과 경제적 요인이 있다. 정치적 요인은 다시 국제정치적 요인과 국내정치적 요인으로 분류할 수 있다. 경제적 요인은 주로 경제난인데, 이는 외화난(무역적자), 에너지난, 식량난 등으로 세분할 수 있다.

정치적 환경

먼저 국제정치적 요인을 살펴보자. 다른 국가들처럼 북한도 체제수립 이후 국제질서 변화에 상당히 민감한 반응을 보여 왔다. 1960년대 중국과 소련의 분쟁이 시작됐을 때는 자주외교 노선을 표방했다. 또 1972년 세계적으로 긴장완화가 이루어졌을 때 북한은 남한과 7·4공동성명을 발표하여 대화의 초석을 놓았다. 그리고 1980년대 말 냉전이 종식된 이후에는 보다 유연한 대외정책을 수립하여 미국과 북경에서 참사관급 관계개선회담을 추진했고, 일본과는 수교회담을 전개했으며 남한과는 고위급 회담을 개최하여 남북기본합의서를 체결했다.

이와 같이 북한이 세계질서 변화에 상당히 민감하게 대응한 이유는 국제적인 흐름을 거역했을 때 발생하는 국가이익의 손실이 나아가 체제약화의 원인이 될 것이라는 사실을 인지하고 있었기 때문이었다. 북한이 국제체제 변화에 가장 민감한 반응을 보인 시기는 1990년대 초반이다. 당시 북한은 체제붕괴 위기에 처해 국제적인 흐름을 거역하기 어려웠고, 결국 이에 적극 맞추어 가는 정책을 추진했다. 당시 북한이 체제위기에 봉착하게 된 국제적 요인은 다음의 네 가지로 나눌 수 있다.

첫째, 세계적인 냉전의 종식이다. 1989년 몰타에서 개최된 미·소 정상회담에서 '1940년대 후반 시작된 냉전'의 종식이 공식적으로 선언됐다. 미국과 소련의 정상회담에서 냉전종식이 선언됐지만, 실제로 냉전종식은 공산주의의 패배에 의한 것이었다. 이에 따라 동유럽의 모든 공산주의체제가 붕괴됐고 소련 연방도 해체되기에 이르렀다. 공산권의 세계적인 붕괴는 북한에게 매우 큰 충격이었고 심리적으로나 물질적으로나 큰 타격을 주었음이 확실하다.

둘째, 1988년부터 한국정부가 추진한 '북방외교'에 의하여 기존의 거의 모든 공산주의 국가들이 남한과 수교를 한 것이다. 1980년대 후반 세계적인 화해 무드에 힘입어 한국정부는 공산권과의 관계개선을 적극 모색했고, 헝가리를 필두로 공산국가들과 수교행진을 이어 나갔다. 마침내 중국, 소련과의 수교가 이루어지자 북한은 이들을 '제국주의에 굴복한 변절자·배신자'라는 표현을 써 가며 비판했다. 북한의 혈맹국가들이 북한의 주적인 한국과 수교를 함에 따라 북한은 심각한 고립상태에 놓이게 된 것이다.

셋째, 1980년대 후반 북한의 국력 및 국제적 위상이 남한과 비교하여 상대적으로 크게 하락한 것이다. 북한은 1988년 서울올림픽을 방해하기 위한 목적으로 1987년 11월 29일 김현희를 보내 KAL 858기 테러사건을 일으켰다. 이로 인하여 북한은 미국으로부터 테러지원국으로 지정되는 등 국제적인 비난을 받았다. 또 미국은 추가적으로 대북 경제 제재도 가했다. 이러한 북한의 방해공작에도 불구하고 한국은 성공적으로 서울올림픽을 개최했고, 이를 계기로 남북한의 국제위상은 크게 차이가 나기 시작했다.

넷째, 서독에 의한 동독의 흡수통일이다. 1990년 10월 3일 동독 붕괴에 따른 서독의 흡수통일은 같은 분단국인 북한에게 충격으로 받아들여졌다. 1940년대 후반 한반도처럼 냉전의 부산물로 분단됐던 독일은 냉전종식으로 분단의 원인이 사라지자 통일의 길로 접어들었고, 결국 동독은 서독에 흡수되었다.

북한은 독일의 흡수통일 방식이 한반도에서도 실현될지 모른다는 우려까지 하게 되었다.

지금까지 설명한 네 가지 요인은 1990년을 전후하여 북한 외교를 급격하게 변화시킨 국제정치적 요인들이다. 이러한 요인들은 20년이 지난 오늘날에도 크게 변하지 않았고 북한 외교의 중대한 과제로 남아 있다. 다만 북한은 핵카드를 활용하여 2008년에 '테러지원국'에서 제외되는 성과를 거두었을 뿐이다.

다음으로 북한 외교에 영향을 미치는 국내정치적 요인을 살펴보겠다. 냉전이 종식된 1990년부터 북한의 체제위기가 시작됐지만, 더 심각한 위기는 1994년 김일성의 사망 이후에 도래했다. 김일성 사후 가장 중요한 문제는 김정일이 정권을 제대로 장악·유지할 수 있느냐의 여부였다. 김정일 정권의 안정을 위해서는 새로운 정치적 구호가 필요했고, 그래서 나온 것이 '강성대국론'이었다. 김정일이 공식승계를 2주 앞둔 1998년 8월 「로동신문」의 정론을 통해 제시된 '강성대국론'은 강성대국을 '주체의 사회주의 나라'로 규정하고 "나라와 민족의 진정한 강성과 부흥은 자주의 길에 있으며, 또 사회주의의 길에 있다."고 주장했다. 강성대국론은 김일성을 사회주의 위업을 개척한 '선대국가수반', '선대수령'으로, 김정일을 '사회주의 강성대국건설 위업의 위대한 영도자이자 완성자'로 지칭했다. 강성대국론은 '사상·정치의 강국, 군사적 강국, 경제의 강국' 등 세 가지 측면으로 설정되어 북한이 향후 경제 강국 건설에 주력할 것을 독려했다.[1]

강성대국론은 인민대중을 위한 국내적인 통치방식이면서 국제적으로 북한의 권위를 내세울 수 있는 외교 수단으로 제시됐다.

> 사회주의 강성대국은 인민대중의 본성적 요구를 완전히 실현하기 위하여 투쟁하는 그 정당성과 불패의 생활력으로 하여 세계 혁명적 인민들의 공감과 동경심, 절대적인 성원을 받으며 자기의 막강한 사상적, 경제 군사적 위력으로 하여 국제무대에서 그 누구도 무시할 수 없고 함부로 건드릴 수 없는 높은 대외적 권위를 가지고 영향력을 행사하는 나라이다.[2]

권력승계 후 김정일은 정권 및 체제 안보를 위해 불가피하게 군을 중시하는 선군정치를 채택했다. 김일성 사후 발생한 1995년과 1996년의 대홍수 및 1997년의 가뭄으로 초래된 극심한 식량난은 경제파탄으로 이어졌고, 그 사회적 여파는 당을 통한 사회 통제에 한계를 가져왔다. 그 결과 정치·경제·사회적 안정을 유지하기 위해 군대의 역할을 극대화시키지 않을 수 없었다. 이에 따라 1995년부터 군에 대한 김정일의 현지지도가 급격히 늘기 시작했고, 군을 중시하는 정치가 시작됐음을 알리는 계기가 되었다.[3] 정권을 장악한 이후 김정일은 국방위원회 위원장 및 조선인민군 최고사령관의 직위를 활용하여 군 지도층의 권력서열을 대폭 상승시키는 등 군부를 우대하면서 군의 충성을 유도해 나갔다.

선군정치는 북한이 체제를 유지하는 데 있어 위기관리의 근간이 되는 외교 안보적 수단으로도 활용됐다.

> 우리 당의 선군정치는 제국주의와의 정치 외교적 대결에서 결정적 승리를 담보하는 힘 있는 정치이다. 외교전은 단순히 말과 말, 두뇌와 두뇌의 싸움이 아니다. 능란한 외교의 배경에는 정치·군사·경제적 힘이 놓여 있다. …… 오늘 우리 당의 선군정치는 적들과의 외교전에서 필승의 담보가 되고 있다.[4]

2000년대 후반 김정일의 건강이 악화되면서 북한정치의 변화가 시작됐다. 이전의 북한 통치구조는 주요 권력기관에 대한 김정일의 '인적통치·직할통치·분할통치'가 특징이었다. 이러한 통치방식을 활용하여 김정일은 중앙당 조직지도부, 통일전선부, 인민무력부, 총정치국, 총참모부, 인민보안성, 국가안전보위부, 외무성 등을 직접 지휘·감독할 수 있었다. 그러나 김정일의 건강악화로 상층부에 미력한 권력누수 현상이 나타났고 통치구조에도 일부 기능장애가 발생했다. 이를 극복하기 위해 북한은 국방위원회를 확대·강화하는 제도적 보완 조치를 취했다. 우선 군, 공안기관, 제2경제위원회 등의 핵심인물들을 모두 국방위원회에 포함시켰다.

북한은 2009년 4월 제12기 최고인민회의 제1차 회의에서 기존의 1998년 헌법을 개정하여 정치적인 변화를 모색했다. 이 개정의 특기 사항은 개정헌법의 제3조에 '공화국은 주체사상, 선군사상을 자기 활동의 지도적 지침으로 삼는다.'라고 하면서 선군사상을 주체사상과 함께 병기한 것이다. 이는 '선군'이 단순한 정치·정책의 차원을 넘어 정치이데올로기로 확립됐다는 점을 알리는 것이다.

2009년 헌법 개정에서 가장 주목해야 할 부분은 국방위원회 및 국방위원장의 권한을 대폭 강화한 것이다. 기존 헌법에서 국방위원회는 국방을 관리하는 기관으로만 규정되어 있었지만, 개정헌법에서는 국방위원장이 국가의 사업 전반을 지도하고 국방위원회가 국가의 중요정책을 입안하도록 했다. 또 국방위원장을 '조선민주주의인민공화국의 최고영도자'라고 규정하여 국방위원장이 북한의 최고 지도자라는 점을 명확히 했다.

더욱 중요한 점은 국가원수가 행사하는 '특사권'이 기존의 최고인민회의 상임위원장에서 국방위원장으로 이관됐으며, 외국과 맺은 중요 조약을 비준 또는 폐기하는 권한도 국방위원장이 갖게 됐다는 점이다.[5] 요컨대 2009년의 개정헌법은 국방위원회의 권한과 권능이 모두 '최고영도자'인 국방위원장을 뒷받침하는 데서 나온 것임을 천명한 것이다. 국방위원회는 국방위원장의 휘하에 있는 국가기구로써 국가의 중요 정책을 입안 및 관리하는 기관으로 정의됐다.

이러한 헌법 개정은 국방위원회를 강화시키고, 김정은을 국방위원회 부위원장에 임명하여 김정일 자신의 사망 후에 김정은이 단번에 국가통치권을 장악하도록 하기 위한 포석으로 해석됐다. 그러나 김정일은 그 뜻을 이루지 못하고 사망했다. 그래서 향후 김정은이 과연 안정적으로 정권을 장악할 것인지, 또 어떤 방식으로 장악할 것인지가 북한정치의 주요 관건으로 남았다. 이 결과에 따라 북한의 외교도 변화할 것이다.

경제적 환경

1989년 냉전종식 이후 체제위기에 직면한 북한 외교에 가장 큰 영향을 미친 것은 경제적 요인이라 해도 과언이 아니다. 왜냐하면 1990년대에 시작된 체제위기의 가장 핵심적인 원인은 경제난이었고, 이 위기를 벗어나기 위한 외교가 적극적으로 추진됐기 때문이다. 1990년 이후 북한 경제는 연속해서 마이너스 성장을 기록했다. 1990년부터 실질 경제성장률을 보면, 1990년 -3.7퍼센트, 1991년 -3.5퍼센트, 1992년 -6.0퍼센트, 1993년 -4.2퍼센트, 1994년 -2.1퍼센트, 1995년 -4.1퍼센트, 1996년 -3.6퍼센트, 1997년 -6.3퍼센트, 1998년 -1.1퍼센트를 기록했다.

경제난은 외화난, 에너지난, 식량난 등의 3난(難), 노동의욕저하, 국제경쟁력저하, 기술수준저하 등의 3저(低), 생활환경 열악, 제품의 조악, 기계설비노후 등의 3악(惡)을 포함한다. 북한이 경제난에 봉착한 원인으로는 중공업 우선전략에 치중한 불균형적인 산업정책, 생산설비의 낙후와 기술수준의 저하, 과다한 국방비 지출, 대외무역의 부진과 수출자원의 결핍 등을 들 수 있다. 1994년의 경우, 북한은 군사비로 56억 6천만 달러를 지출했는데 이는 GNP 대비 26.7퍼센트(한국은 3~4퍼센트)라는 높은 비율이었다.

1987년부터 1993년까지 실시된 제3차 7개년 경제계획도 공업생산규모와 전력, 강철, 화학, 섬유 등 주요 지표들이 당초 목표의 20~30퍼센트만 달성하는 데 그쳤다. 북한은 1993년 12월 8일 노동당 제6기 21차 회의를 열고 "국제적 사변들과 우리나라에 조성된 첨예한 정세로 인해 제3차 7개년 계획에서 예견했던 공업생산의 총규모와 전력, 강철, 화학, 섬유를 비롯한 일부 중요지표들의 계획이 미달됐다."라고 밝혔다.

북한 경제난에서 가장 심각한 것은 주민들 생활과 직결되는 식량·석유·생필품의 부족이었다. 북한의 식량난은 1970년대 중반부터 도입됐던 '주체농법'의 실패와 사회주의적 집단영농 생산방식으로 인한 농업생산력의 침체 등으로 이미 1980년대 중반부터 진행되기 시작했다. 1980년대 북한의 식량생산량은 평균 415만 톤에 불과하여 이미 정량배급 기준으로 약 200만 톤이 부족한 상황이었다. 이로 인해 북한은 1985년부터 1인당 배급량을 22퍼센트나 감량 배급하기 시작했다.

1990년대 들어서는 구소련을 비롯한 사회주의 국가들의 지원 및 우호무역의 감소, 경제난으로 인한 농업 원자재 생산의 급락, 홍수와 같은 자연재해의 연속 등으로 식량생산량이 400만 톤 이하로 급감했다. 가장 어려웠던 시기인 1996년의 곡물생산량은 345만 톤으로, 북한이 식량용·공업용·사료용 등으

연도	수요량	생산량		연도	수요량	생산량
1992	650	443		2001	613	359
1993	658	427		2002	626	395
1994	667	388		2003	632	413
1995	672	413		2004	639	425
1996	673	345		2005	645	431
1997	670	369		2006	648	454
1998	639	349		2007	650	448
1999	650	389		2008	650	401
2000	606	422		2009	648	431

1992년 이후 북한의 식량 수급 현황 (단위: 만 톤)

로 필요한 곡물 총수요량 673만 톤에 비하여 328만 톤이 부족
했다. 유엔 산하 식량농업기구(FAO)와 세계식량계획(WFP)은 당
시 북한 어린이 210만 명이 기아상태에 직면해 있다고 발표한
바 있다. 최근에도 북한은 식량부족량을 200만 톤에서 더 줄
이지 못하고 있다.

북한의 연간 식량공급량은 1992년부터 2001년까지 최소
소요량에 미치지 못했으나, 이후 국제사회의 지원 등에 힘입
어 2002년부터 2005년까지는 일시적으로 최소소요량을 상회
했다. 이 기간 식량공급량의 증가는 한국의 비료지원에 따른
생산성 증가와 국제사회의 식량지원에 따른 것이었다. 그러나

2006년부터 다시 공급량이 줄어 연간 최소소요량에 크게 못 미치는 상황이 지속되고 있다.[6]

총체적으로 북한 경제는 1990년부터 1998년까지 9년 연속 마이너스 성장을 기록하여 이 기간 동안 국민소득(GNI)은 무려 30퍼센트나 감소했다. 그러나 1999년부터 2005년까지는 플러스 성장을 했는데, 그 이유는 크게 세 가지다. 첫째, 김일성 사후 1998년부터 김정일 정권이 공식적으로 출범하여 체제안정화와 함께 경제회복정책을 본격적으로 추진했다. 특히 2002년 실리경제를 추구하는 7·1경제관리개선조치를 발표하여 산업생산성이 다소 상승했다. 둘째, 1999년부터 남한과 국제사회 등의 대규모 무상지원이 이루어졌다. 또한 금강산 관광사업, 개성공단사업 등 남북경협의 확대에 따라 일부 공장들이 정상적으로 가동되기 시작했다. 셋째, 주변국들과의 관계가 개선되어 안보위협에서 어느 정도 벗어나 안정적인 경제건설을 추구할 수 있었다.

북한 경제는 2005년까지 플러스 성장을 지속했다. 1999년부터 실질 경제성장률은 1999년 6.2퍼센트, 2000년 1.3퍼센트, 2001년 3.7퍼센트, 2002년 1.2퍼센트, 2003년 1.8퍼센트, 2004년 2.2퍼센트를 기록했다.[7] 그러나 당시 북한의 성장은 여전히 낮은 수준에 머물 수밖에 없었는데, 그 이유는 산업설비 노후, 에너지·원자재·외화 부족, 핵문제 등으로 인한 지원 및 외자유치 부진 등의 문제가 여전히 개선되지 않았기 때문이다. 이런 상황에서 2006년 북한의 미사일 발사 및 핵실험으로 국제사회의 대북제재가 강화되는 등 대외경제 여건이 악화되면서 북한 경제는 다시 마이너스 성장으로 돌아섰다. 또 자연재해로 인한 농업생산 감소, 대외무역의 정체, 국내 물가의 상승 현상도 다시 나타나기 시작했다.

2008년 북한 경제는 2년 연속 마이너스 성장에서 벗어나 다시 플러스 성장을 기록했다. 실질 국내총생산(GDP)이 전년 대비 3.7퍼센트 성장한 것이다. 2008년의 플러스 성장 기록은 일기 호조로 인한 곡물생산 증가 및 6자회담에 따른 주변국의 중유 제공 효과에 의한 것으로 분석됐다. 특히 농림어업은 전년 대비 8.2퍼센트 증가를 기록했으며, 광공업 역시 2.5퍼센트 증가를 기록했다.

북한 경제는 외부세계의 지원과 자구노력에 힘입어 최악의 상황을 벗어나 조금씩 개선되는 추세이나, 아직 본격적인 회복 국면에 들어섰다고 평가하긴 어렵다. 북한 경제는 플러스 성장을 하더라도 2~3퍼센트의 저성장 구조를 벗어나지 못하고 있는데, 경제 전문가들은 북한과 같은 최빈국이 '빈곤의 함정'을 벗어나기 위해서는 연평균 5퍼센트 이상의 성장세를 지속해야 한다고 주장한다. 무엇보다도 북한의 국민총소득이 아직 1990년 수준을 회복하지 못하고 있다. 따라서 북한 경제가 자생적인 성장 기반을 갖추었다고 평가하긴 이르다. 결국 북한은 모든 수단을 동원해 외부로부터 지원을 받아야만 생존이 가능한 것이다.

북한 외교의 이념과 기조

북한이 1964년 2월 27일 제4기 3차 당중앙위원회 전원회의에서 통일을 위한 조선혁명의 기본방침으로 북한혁명역량·남한혁명역량·국제혁명역량 등 3대 혁명역량강화를 내세우고, 조선혁명의 전국적 승리를 위해 "남조선에서 혁명투쟁을 더욱 발전시켜야 한다."고 주장한 점을 보면 냉전시대에 대남정책을 비롯한 북한 외교가 '한반도 전체의 공산화'를 목표로 하고 있었음을 알 수 있다. 여기서 김일성은 '사회주의의 완전승리와 조국통일의 역사적 위업을 앞당겨 실현하기 위해 국제혁명역량과의 연대성을 강화하고 우리 혁명에 유리한 국제환경을 마련하는 것'이 북한 외교의 주요 과업임을 주장했다.

전체주의의 대표 국가라 할 수 있는 북한의 대외관계에 있어 적응력 부족과 폐쇄성은 북한 자신이 국제정치를 '해방과 혁명'의 관점으로 보는 데서 기원하고 있다. 노동당 당 규약은 국제정치를 세계 혁명과 해방 과정으로 보고, 아래와 같은 행동강령을 제시하고 있다.

자주성과 프롤레타리아 국제주의 원칙에 기초하여 사회주의 나라들과의 단결과 국제공산주의 운동과의 련대성을 강화하고 세계의 모든 신흥세력나라 인민들과의 친선, 협조관계를 발전시키며 아시아, 아프리카, 라틴아메리카 인민들의 반제민족해방 운동과 자본주의 나라들의 로동계급과 그

밖의 인민들의 혁명투쟁을 지지하고 광범한 련합전선을 실현하여 미국을 우두머리로 하는 제국주의와 지배주의를 반대하며 평화와 민주주의, 민족적 독립과 사회주의 공동위업의 승리를 쟁취하기 위하여 투쟁한다.[8]

혁명과 해방의 관점에서 추진되어 온 북한의 냉전적 외교정책은 현실적으로 '한반도 공산화 통일을 위한 국제적 지원역량 확보'라는 궁극적인 목표를 갖고 있었다. 이렇게 구체적이고 현실적인 목표를 달성한다는 의미는 외교를 수단으로 하여 국력을 발전시킨 후, 궁극적 최종목표인 '조선혁명의 전국적 승리를 위한 국제혁명역량과의 연대성 강화'에 두고 있는 것이다.[9]

대내적으로 혁명과 해방의 차원을 벗어나지 못했던 북한은 대외적으로는 평화와 우호의 입장을 견지하는 듯한 모습을 보이려 노력했다. 우선 북한이 공식적으로 제시한 외교정책 이념을 살펴보면, 1980년 10월에 개최된 노동당 제6차 당 대회에서 대외정책의 기본이념으로 제시한 '자주·친선·평화'라는 세 가지 원칙이 있다. 여기서 북한은 "대외활동에서 자주성을 확고히 견지하고 세계 여러 나라들과의 친선협조관계를 발전시키며 세계 평화와 안전을 보장하기 위하여 적극 노력할 것이다. 자주·친선·평화 이것이 우리 당 대외정책의 기본리념"이라고 선언했다.[10]

북한은 이러한 기본이념을 바탕으로 국제적으로는 주체사상을 바탕으로 한 자주성을 유지하고, 세계 모든 국가들과의 친선을 유지하겠다고 천명했다. 다시 말해 냉전시기의 국제 프롤레타리아 국가들, 즉 공산주의 국가들과의 단결과 친선을 강화하면서 서방국가들 중 우호적인 국가에 한해 친선을 도모하겠다는 의지를 밝힌 것이다. 따라서 우선순위에 있어 '친선'이 '평화'보다 먼저였다.

이러한 외교이념은 냉전이 종식되고 동유럽 및 소련의 변화가 일어난 후 변경됐다. 1990년 5월에 개최된 최고인민회의 제9기 1차 회의에서 북한은 "전 세계적으로 탈냉전화되고, 평화를 중요시하는 자유주의 움직임이 일어나는 환경에서 세계자유화의 요구에 맞춰 국제관계를 발전시켜 나가는 데 보편적 의미를 가진다."고 하며 외교이념 순위를 자주·친선·평화에서 자주·평화·친선으로 변경했다.[11] 1992년에 개정된 헌법도 대외정책의 기본이념 및 원칙으로 자주·평화·친선을 규정하고, 자주성을 옹호하는 세계인민들과의 단결을 통한 침략과 내정간섭에 대한 반대 및 자주권과 민족적·계급적 해방의 실현을 대외정책의 목표로 제시했다.

1980년대 말 세계적으로 냉전이 종식되고 화해와 협력의 시대에 들어서자 북한도 외적으로나마 평화를 중시하는 태도를 보이려 노력했다. 그동안의 호전적인 이미지를 개선하기 위한 의도로 '평화'와 '친선'의 순위를 바꾼 것이다. 이와 더불어 북한은 소련과 동유럽 사회주의 국가들이 해체되자 종전에 내세웠던 '마르크스-레닌주의와 프롤레타리아 국제주의원칙'이라는 용어를 외교정책의 원칙에서 삭제했다.[12]

하지만 북한은 '평화'와 '친선'의 순위를 바꿀 수는 있어도 '자주'가 가장 앞선다는 원칙만은 고수하고 있다. 북한이 '자주'를 가장 중요한 이념으로 강조하는 이유는 북한정권이 통치이념으로 삼고 있는 주체사상과 일맥상통하기 때문이다. 북한 대외정책의 행태를 분석해 볼 때, '자주'라는 용어는 일반사전에 있는 뜻대로 '남의 도움이나 간섭을 받지 않고 자신의 일을 스스로 처리'하는 개념이라기보다는 체제운영에 있어서 외부와의 관계에 크게 구애받지 않고 자주적으로 모든 일을 처리해 나간다는 일종의 폐쇄적인 개념으로 쓰이고 있다. 또 북한은 자주정치와 대외관계의 연관성을 다음과 같이 풀이하고 있다.

자주정치는 대외관계에서 완전한 자주권과 평등권을 행사하는 정치이다. 매개 나라와 민족은 국제사회관계 속에서 자기운명을 개척하여 나가는 것만큼 매개 나라가 국제사회의 성원국으로서 세계 정치무대에서 벌어지는 모든 문제들을 자기 인민의 리익에 맞게 처리할 수 있는 당당한 권한을 가지고 응당한 역할을 하자면 대외관계에서 완전한 평등과 자주권을 행사해야 한다. 자주정치는 나라들 사이의 특권을 반대하고 령토완정과 주권에 대한 존중, 불가침, 내정불간섭, 평등과 호혜의 원칙에 기초하여 다른 나라들과의 관계를 발전시키는 정치이다.[13]

거시적인 측면에서 북한이 인식하는 자주화된 세계는 '지배와 예속, 간섭과 압력이 없는 세계이며, 모든 나라와 민족이 자기 운명의 주인으로서 자주권을 완전히 행사하는 세계'로 정의되고 있다.[14]

2000년대 후반에 들어서도 북한은 외교 이념으로 '자주·평화·친선'을 강조하고 있다. 북한 당국은 "우리 인민은 자주·평화·친선의 이념 밑에 자주성을 지향하는 세계 모든 나라 인민들과 국제적 연대성을 강화하고 친선협조관계를 발전한다."면서 북한을 우호적으로 대하는 나라들과 '평등과 호혜의 원칙에서 다방면적인 교류'를 진행할 의지를 가지고 있다고 밝혔다. '자주성'은 자주독립국가의 생명이자 징표이며 "제국주의자들의 고립·압살 책동에도 불구하고 우리가 사회주의를 굳건히 고수할 수 있는 것은 자주의 원칙을 견지하고 있기 때문"이라고 주장했다. '평화'는 "제국주의자들의 침략과 전쟁책동에 대한 평화옹호투쟁으로 세계 진보적 인민들을 힘있게 불러일으키는 고무적 기치"라는 점을 강조했다. 또 북한의 외교정책은 모든 나라들과의 '친선협조관계' 강화발전을 전제로 하고 있으며 "지난날 적대관계에 있었던 나라라고 해도 대조선 적대시 정책을 버리고 우리를 존중한다면 그들과도 관계를 개선하고 정상화하려는 것이 우리 공화국의 변함없는 입장"이라고 밝히고 있다.[15]

자주를 최우선시하는 북한의 폐쇄적이고 평화공세적인 외교정책은 경제발전에 필요한 대외교역이나 외국의 자본유치 및 기술도입 등에 장애요소가 되어 경제침체의 주요 원인이 됐다.

또한 동유럽 공산체제의 몰락, 소련연방의 해체, 중국을 비롯한 대부분 사회주의권 국가들이 남한과 수교를 맺는 등의 엄청난 외교적 충격에 제대로 대응하지 못해 계속 고립 상태에 머무는 결과를 초래했다. 특히 1980년대 후반 김현희의 KAL기 폭파사건 등의 테러행위로 인하여 미국을 비롯한 국제사회에서 '테러지원국'으로 지정받았는데, 이에 따른 경제제재 조치는 북한 경제를 최악의 상태로 몰고 갔다. 또한 1993년 3월 핵확산금지조약(NPT: Nuclear nonproliferation treaty) 탈퇴 선언으로부터 비롯된 벼랑 끝 외교는 국제사회가 북한을 외교적으로 신뢰할 수 없게끔 만들고 말았다.

사회주의 국가에서 외교정책은 '국내정책과 긴밀히 결부되어 국내정책의 연장'으로 이루어지고 있다. 그러나 대외관계에 대한 북한의 강경 자세와 적응력 부족은 정치와 경제 발전에 부정적인 영향을 가져왔고, 특히 북한이 새로운 시대에 적응하기 위해 유연한 사고방식으로 체제 변화를 도모하는 데 큰 제약요인으로 등장했다. 주변 국가들이 북한을 개방시키려 애썼지만, 북한 내부에서는 개방의 득보다 실이 크다고 판단하여 북한식 사회주의를 그대로 고수해 왔다.

이 경우 북한은 단기적으로 외풍을 효과적으로 막아내면서 체제고수를 할 수 있었다. 하지만 주변 환경의 변화, 주민들의 정치의식 발전, 경제난에 따른 주민들의 불만확대는 결국 북한 지도층으로 하여금 체제변화를 피할 수 없도록 만들 것이고, 이를 거부할 경우 자칫 체제가 붕괴할 수 있다. 이러한 점에서 보면 북한체제를 변화시키는 데 가장 큰 역할을 하는 것은 북한 대외관계의 변화가 될 것이다.

북한 외교의 기원 : 진영외교와 자주외교

북한 외교는 1948년 북한 정부의 수립을 전후하여 시작됐으며, 북한 외교는 세계냉전을 기틀로 하고 한국전쟁을 거치며 공산권에 포함되는 진영외교의 방향으로 펼쳐졌다. 그러다 1950년대 후반 중국과 소련의 분쟁이 시작되자 어느 편에도 가담하지 않는 자주외교를 시작했다. 특히 제3세계에 대한 외교가 자주외교의 중요한 차원에서 추진됐다. 이렇게 적절히 혼합된 진영외교와 자주외교가 초기 북한 외교의 근간을 이루었다.

냉전과 북한의 진영외교

제2차 세계대전이 종식되면서 시작된 냉전은 세계를 자본주의와 공산주의 진영으로 양분했다. 아직 독립을 하지 못했거나 새로 독립한 국가들을 제외하고 세계 거의 모든 국가들은 양 진영 중 한쪽에 속하게 됐다. 북한도 공산주의 진영에 편입되어 공산진영의 종주국인 소련, 그리고 나중에는 중국에 의존하는 외교를 펼쳤다.

1948년 9월 9일 '조선민주주의인민공화국' 수립 이후 한국전쟁을 거쳐 1953년 휴전이 성립될 때까지 북한의 외교활동은 소련과 소련의 영향권 아래에 있는 공산국가들과의 관계가 전부였다. 당시 수교국은 소련, 중국 등 12개국에 불과했다. 이 시기 북한은 세계를 미국 중심의 '제국주의진영'과 소련 중심의 '국제민주진영'으로 구분하고, 전 세계적인 사회주의 건설을 위해 국제적으로 단결하고 협력하는 데 매진했다.

1945년 분단 당시 한반도에는 박헌영을 중심으로 한 토착 공산세력이 있었고, 중국 공산당과 연합하여 활동하던 김두봉 중심의 연안파가 신민당을 조직하여 정치세력화 했으나 소련 점령당국은 소련에 가장 충성적인 모습을 보였던 김일성을 택하여 공산정권을 수립했다. 김일성 중심의 '갑산파'가 만주에서의 활동 경험을 가지고 있어 소련에 의해 수립된 북한정권은 중국과의 연관성도 다분히 내재하고 있었다.[16]

북한은 정권 초기부터 한반도 무력통일을 위하여 소련과 중국으로부터 군사적·경제적·외교적 지원 획득에 치중했다.[17] 김일성은 한국전쟁의 승인을 받기 위해 모스크바를 두 번 방문하고 48건의 전보를 보내는 등 끈질긴 설득 끝에 스탈린의 '마지못한 승인(reluctant approval)'을 받아 냈다.[18] 소련과 중국이 북한 인민군을 증강시키는 데 중요한 역할을 했을 뿐 아니라 물질적 지원까지 담당했기 때문에 김일성은 승리에 대한 확신을 가지고 전쟁을 계획 및 시작할 수 있었다.

한국전쟁 이전에 소련은 100대의 야크(Yak) 전투기, 70대의 폭격기, 10대의 정찰기를 포함한 총 180대의 비행기와 150대의 중형 탱크 등 북한에 많은 전략물자를 공급했다. 한편 1945년 이래 시베리아에서 1만 여 명의 북한 젊은이들이 군사, 기술 훈련을 받았다. 중국은 북한에 대해 인적 지원을 했는데, 1949년 7월부터 1950년 전쟁 발발 이전까지 중국 내전에 참여했던 5~7만 명의 한국인 부대가 북한으로 귀환했다. 결국 중국에서 전투 경험을 마치고 귀환한 군인들이 한국전쟁 발발 당시 북한군의 3분의 1 이상을 차지하고 있었다.[19]

김일성이 스탈린으로부터 전쟁을 승인받기 위해 모스크바를 처음 방문한 때가 1949년 3월이었다. 대표단은 김일성, 박헌영과 부수상 홍명희 등을 포함했다. 그들은 2월 22일 평양을 떠나 3월 3일 모스크바에 도착했다. 스탈린과의 면담에서 김일성은 "군사적 수단으로 나라 전체를 해방할 필요가 있고 이제 가능한 상황이 도래했다."고 하며 남침 승인을 요구했다. 이에 대해 스탈린은 "남한을 공격하는 대사업에는 많은 준비가 필요하다."라는 전제 하에 다음과 같은 이유로 이를 거부했다. 첫째, 북한군이 남한군에 대하여 확실한 우위를 확보하고 있지 못하다. 둘째, 남한에 아직 미군이 주둔하고 있다. 셋째, 소련과 미국 사이에는 아직 38도선 분할 협정이 유효하다. 스탈린은 북한이 먼저 공격하는 것보다 남한이 먼저 공격을 하게 한 후 반격을 하는 것이 바람직하다는 매우 소극적인 안을 제시했다.[20] 그는 북한이 먼저 공격하면 미군이 개입할 것이고, 이 경우 소련이 미국과 전쟁을 벌여야 하는 상황으로 전개될 것을 경계하고 있었다. 아직 원자탄을 개발하지 못한 소련은 미국과 군사대립을 할 의지와 능력을 보유하지 못하고 있었다.

결국 김일성은 남침에 대한 승인을 받지 못했다. 그 대신 경제문화협정 등 11개의 협정을 체결하고, 2억 1,200만 루블의 차관제공 약속을 받아냈다. 경제문화협정은 주로 양국 간의 통상관계 발전을 내용으로 하고 있었고, 무역거래 시 상호 최혜국 대우의 보장, 전문가 파견 및 기술원조, 상업·농업 기술 및 경험 교환, 문화·예술 분야의 관계 증진 등을 포함하고 있었다. 당시 체결한 11개의 협정 중 경제문화협정 이외에는 모두 비밀협정이었다. 비밀협정 중에는 소련 해군부대의 청진항 임시 주둔협정, 소련 무역대표부의 북한설립협정 등이 포함되어 있었다.[21] 북한 대표단은 소련에 한 달 이상 머물다 4월 7일 귀국했다.

귀국 후에도 김일성은 남침 의욕을 포기하지 못한 채 슈티코프(Terentii F. Shtykov) 주 북한 소련대사를 접촉하며 소련의 지도층을 설득하기 위한 노력을 기울였다. 1950년 들어 김일성은 슈티코프와 계속 접촉을 진행하며 남침 승인보다 북한 군사력 증강을 위한 군사·경제 지원 요청에 매달렸다. 북한군을 10

개 사단으로 증강하기 위하여 3개 보병사단을 창설하는 데 대한 동의를 요청했고, 20억 원의 차관을 요청했다. 또 1951년으로 예정된 원조 중 7천만 루블을 1950년으로 앞당겨 지원하도록 요청했다. 소련은 이러한 북한의 요구를 거의 다 수용했다. 대신 소련은 북한으로 하여금 1억 3천만 루블에 상당하는 물자를 소련에 보내도록 요구했다. 주요 품목은 금 9톤, 은 40톤 등이었다.[22]

남침을 위한 군사력 증강 등 내부 준비를 끝낸 김일성은 슈티코프에게 애원하다시피 하여 스탈린의 면담 승인을 받아냈고, 3월 30일부터 4월 25일까지 박헌영과 함께 모스크바를 방문했다. 김일성은 미국이 대규모 전쟁을 원하지 않기 때문에 개입하지 않을 것이라고 스탈린을 안심시킨 후 전쟁 승인을 요청했다.

김일성은 다음의 네 가지 이유 때문에 미국은 참전하지 않을 것이라고 설명했다. 첫째, 북한은 기습공격을 할 것이며 3일 이내에 전쟁을 승리로 끝낼 것이다. 둘째, 남침을 하면 남한의 20만 공산당원이 봉기할 것이다. 셋째, 남부지방의 게릴라들이 북한인민군을 지원할 것이다. 넷째, 미국은 참전할 시간적 여유를 갖지 못할 것이다. 박헌영은 남한에 20만 명에 달하는 '공산 저항세력'이 있는데, 남침을 개시하게 되면 이들이 폭동을 일으킬 것이라고 주장했다. 또 남한 주민들은 북한에서 실시한 바 있는 '토지 개혁과 민주적 변혁'을 기다리고 있는 중이라고 강조했다.[23]

결국 스탈린은 김일성의 남침 계획을 승인했다. 스탈린과 김일성은 ① 38선으로 병력집결 ② 북한의 평화통일 제의 ③ 남한의 평화통일 제의 거부 후 공격개시 등의 3단계 준비과정을 거친 후 공격하기로 합의했다.[24] 스탈린이 전쟁을 반대하다가 승인으로 마음을 바꾼 이유는 다음과 같이 예상할 수 있다. 첫째, 중국 내전에서 공산당 측이 승리하여 이에 크게 고무된 상태였다. 둘째, 1949년 하반기 소련이 원자탄을 보유하게 되어 미국에 대한 두려움이 많이 줄어들었다. 셋째, 유럽에서 나토가 설립되는 등 서방진영과의 적대감이 크게 증폭됐다. 넷째, 중국 본토의 공산화 당시 미국이 개입하지 못했고, 1950년 1월 12일의 애치슨 선언을 보면 미국의 아시아 본토에 대한 군사개입 의지가 크게 약화된 것으로 파악됐다. 애치슨 선언의 골자는 미국의 아시아 방어선이 알류산열도~일본~필리핀까지만 이어진다는 것이다. 즉, 아시아 본토는 물론 한반도와 대만을 미국의 방어선에서 제외시킨 것이다.

　　스탈린이 김일성의 남침을 승인한 이유 중에는 중국, 특히 마오쩌둥에 대한 경쟁 심리도 크게 작용한 것으로 보인다. 마오쩌둥이 중국 내전에서 승리한 것처럼 김일성이 자기 나라를 통일하겠다고 하는데, 이 요구를 받아들이지 않는다면 자신이 아시아 혁명을 방해했다는 공개적인 비난을 받을 것이기 때문이었다. 그러한 상황이 전개된다면 공산진영에서 스탈린의 지위가 약화되고 마오쩌둥이 주도적 위치에 놓이게 될지도 모른다는 염려를 하지 않을 수 없었다. 당시 스탈린은 마오쩌둥의 소련에 대한 충성심을 신뢰하지 않고 있었다.

김일성의 남침 계획을 승인할 당시 스탈린은 김일성에게 마오쩌둥의 동의를 받도록 지시했다. 북한의 남침이 어려움을 겪거나 미국이 참전할 경우 소련의 단독 책임을 회피하고 중국이 지원하도록 하기 위한 전략으로 풀이된다. 스탈린의 지시에 따라 김일성은 박헌영과 함께 1950년 5월 13일 북경에 도착하여 마오쩌둥과 회담을 했다. 김일성이 마오쩌둥과 남침 문제를 협의하라는 스탈린의 전갈을 전달하자, 마오쩌둥은 스탈린으로부터 직접 설명을 듣기 원했다. 이에 대한 회답에서 스탈린은 북한의 남침 문제는 북한과 중국이 공동으로 결정해야 하는 사항이며, 중국이 반대하면 새로운 협의가 있을 때까지 결정이 유보되어야 한다고 전했다. 김일성이 스탈린을 설득했던 내용과 함께 이 회답을 전하자, 마오쩌둥은 마침내 북한의 남침 계획에 동의했다. 그는 '신속한 군사적 방법'으로 한국 문제 해결 시도에 나선 것을 지지하며 승리를 확신한다고 강조했다. 또 그는 중국이 대만을 점령한 후 북한이 남침을 시작하면 북한을 충분히 도울 수 있다는 점도 언급했다.[25]

마오쩌둥은 스탈린과 달리 미국이 참전하지 않을 것이며 참전하면 중국이 적극 지원하겠다고 천명했다. 그는 미국이 '한국과 같은 소규모 지역'에서의 분쟁에 참전하지 않을 것이라 확신하면서 미군이 참전한다면 병력을 파견하여 적극 개입하겠다고 전했다. 소련은 미국과 38선 분할에 대한 합의를 했기 때문에 전투에 참가하기 어렵지만, 중국은 그러한 의무가 없으므로 참전이 가능하다는 점을 확실히 했다. 만약 일본 군대가 남한을 지원한다면 중국 정부는 1개 군단을 목단 지역으로 이동시킬 것이라는 구체적인 선언도 했다.[26]

전쟁 초기 북한군이 완전한 승리를 하는 듯했으나, 유엔군의 참전과 이후 인천상륙작전의 성공으로 1950년 10월 1일 38선까지 후퇴하게 됐다. 패배 일보 직전에서 김일성은 스탈린과 마오쩌둥에게 구원을 요청했고, 결국 스탈린의 지시에 의해 마오쩌둥이 군대를 파견, 북한을 패배의 위기에서 구해 냈다. 중국의 한국전 참전에는 형제 사회주의 국가인 북한을 구해 주려는 목적도 있었지만, 중국의 주요 산업·군사시설이 위치해 있는 만주 지역을 보호하려면 북한이라는 완충지대가 필요하기 때문이었다. 특히 중국의 주장대로 이 전쟁은 '항미원조(抗美援朝)' 전쟁이었고, 중국 국경에 미군이 다가오는 것을 묵과하지 않겠다는 의미를 포함하고 있었다.[27]

한국전쟁은 남북한의 전쟁을 넘어 국제냉전의 전쟁으로 변모해 갔다. 그러다 전쟁이 발발한 지 3년 1개월 만인 1953년 7월 27일 휴전협정이 체결되면서 한반도는 다시 분단됐다. 1948년 소련의 지원으로 조선민주주의인민공화국을 수립한 이후 거의 전적으로 소련에 의존했던 북한은 한국전쟁을 경험하면서 친중국 성향까지 보이기 시작했다. 3년여의 전쟁을 거치는 동안 소련과 중국에 대한 북한의 의존도는 더욱 심화됐다. 반대로 미국 등 서방국에 대해서는 적대외교가 확고히 자리 잡았다. 당시 북한은 소련·중국과 공식적인 동맹조약을 체결하지 않은 상태였으나, 전쟁을 치르면서 동맹 이상의 긴밀한 관계를 가지게 됐다. 한국전쟁이 북한의 진영외교를 더욱 강화한 것이다.

중·소 분쟁과 북한의 자주외교

휴전 직후인 1954년부터 1956년까지 전후복구 3개년 계획을 수립한 북한은 계획의 성공적 추진을 위하여 중국·소련과의 군사·경제적 협력관계 강화에 주력했다. 그러나 1955년 4월 아시아·아프리카 지역의 신생독립국 29개국이 참가한 반둥회의에서 '평화 5원칙'[28]이 발표되고, 흐루시초프가 1956년 2월 제20차 소련공산당 대회에서 스탈린 격하발언과 서방진영과의 평화공존정책을 추진하여 중국과의 분쟁이 야기되자 북한은 중국·소련·동유럽 등 공산 국가에 국한했던 진영, 또는 동맹외교를 탈피하여 다변외교로 전환했다.

북한의 다변외교 방침은 1956년 4월에 개최된 제2차 당 대회에서 처음 밝혀졌다. 김일성은 총화보고에서 '상이한 사회제도를 가진 나라들과의 평화공존에 대한 레닌적 원칙'을 견지하며 '자주권의 상호존중과 평등권'에 입각하여 세계 모든 평화 애호국과의 정치적 및 실무적 관계를 맺기 위하여 노력하겠다고 다짐했다. 북한은 '대외문화연락위원회'라는 인민외교수행 담당기관을 노동당 외곽 단체로 만들어 대중립국 외교활동을 전개하기 시작했다.[29]

북한의 김일성체제는 대내외적인 난국을 타개하고자 1950년대 중후반부터 '자주노선'을 주창하고 나섰다. 대외적으로 중·소 분쟁의 와중에서 어느 한편에 편향되지 않고 등거리, 또는 줄타기 외교노선을 걷기 위해 자주적 외교노선을 내세웠고, 내부적으로 김일성 정권을 안정화하기 위해 중국과 소련에 밀착되어 있던 김두봉, 허가이 등 정적들을 숙청하는 데 자주노선을 활용하기도 했다.

후일 '주체사상'이라는 통치이념으로 발전되는 '자주'는 국내 정치적으로 해외파 제거에 초점을 두었는데, 이는 내부체제를 강화함으로써 김일성 유일지도체제를 확립하겠다는 의지에서 비롯된 것이었다. 해방 직후부터 북한 지도부는 박헌영이 이끄는 남로당 계열인 국내파와 1920~1930년대 중국에서 활동하던 공산주의자로 구성된 연안파, 소련군 사령부가 북한에서의 정책 추진을 용이하게 하기 위하여 파견했던 사람들로 구성된 허가이 주도의 소련파, 김일성의 갑산파 등 4개의 파벌로 나뉘어 있었다.

정부 수립 후 형식적으로는 김일성이 지도자의 위치에 있었으나 그의 권력은 절대적인 것이 아니었고, 북한의 정치체제는 4개파 연합정권의 성격이 짙었다. 절대 권력을 갈망하고 있던 김일성은 이 적대세력들을 제거해야만 했다. 반대파 제거는 소련파에서 급부상한 허가이의 제거에서부터 시작됐다. 1948년 9월 공식적으로 빨치산파의 김일성, 연안파의 김두봉 다음으로 북한 서열 3위인 소련파의 허가이가 정치권 내에서 막강한 권력을 장악, 영향력을 발휘하자 김일성은 허가이의 제거를 늘 염두에 두고 있었다. 그러다 한국전쟁의 중국군 참전으로 중국의 영향력이 강화되고 소련의 입지가 약화되자 소련파인 허가이의 제거가 가능해졌다. 1950년 12월 조선로동당 중앙위원회 제3차 전원회의에서 김일성은 북한군의 퇴각 시 미군이 점령한 지역에 남아 있던 모든 당원들의 당원증을 검열했는데, 이때 검열 업무의 책임을 허가이가 맡았다. 당원증을 분실한 당원들은 모두 출당됐고, 직책상 문책을 받은 허가이 역시 좌천으로 제거됐다.

허가이의 제거로 소련파의 입지는 약화됐고, 김일성은 다음 숙청 대상으로 박헌영의 남로당파를 결정했다. 1953년 초 평양 시내에 돌았던 국가 전복에 관한 소문을 시작으로 국내파 지도자들의 검거가 시작됐으며, 검거된 이들은 국가 전복 모의를 했다는 죄목으로 기소됐다. 한국전쟁 정전협정이 조인된 지 일주일 후인 1953년 8월 3일 정치재판이 열렸고, 국내파의 대부분이 '파괴모(국가파괴모의)'의 죄상으로 기소됐다. 재판 당시 국내파들은 죄를 인정하지 않을 수 없었고, 결국 김일성은 이들의 숙청을 시작했다. 특히 국내파의 가장 막강한 세력이었던 박헌영에 대한 숙청 계획은 1953년 여름부터 시작됐다. 그에 대한 재판은 1955년 12월 15일 열렸고, 죄목은 박헌영이 미국 첩자였다는 것과 국가 전복을 시도하려 했다는 것이었다.[30] 이러한 죄목 하에 1956년 겨울 박헌영이 처형됐고, 이로써 국내파도 제거됐다.

국내파 숙청 이후, 허가이가 제거된 후 세력이 약화된 소련파와 더불어 연안파가 제거 대상이 됐다. 숙청은 연안파부터 시작됐는데, 1956년 8월에 개최된 조선로동당 중앙위원회 전원회의에서 직업총동맹위원장 서휘, 상업상 윤공흠, 당 중앙위원회 행정부장 허학송 등 몇몇 연안파 정치인이 김일성의 유일사상과 독재 권력에 대해 비판(종파사건)하자, 중앙위원의 대부분을 장악하고 있던 김일성파의 반격을 받았다. 1956년 8월 김일성파는 윤공흠, 서휘, 이필규를 출당시키고 최창익, 박창옥의 당 중앙위원직을 박탈했다. 그리고 1956년 9월 '반종파 투쟁'을 벌여 연안파에 대한 공격과 제거를 병행했고, 특히 1956년

종파사건

1957년부터 실시하기로 한 제1차 5개년 계획에 필요한 원조를 요청하기 위해 동유럽 순방을 마치고 순방의 성과를 청취하기 위해 소집된 1956년 8월 당 전원회의에서 김두봉(최고인민회의 상임위원회 위원장), 최창익(당 정치위원 겸 부수상), 윤공흠(상업상), 서휘(직업총동맹 위원장), 이상조(주 소련대사), 이필규(내무성 부상), 장평산(제4군단장, 중장, 이상 연안파), 박창옥(당중앙위원회 부위원장 겸 부수상), 김승화(건설상), 김재욱(농업성 부상) 등이 김일성 1인 독재 체제를 비판하며 김일성의 축출을 시도한 사건이다. 그러나 시도는 실패했고, 이에 김일성은 종파사건을 일으킨 연안파와 소련파를 대대적으로 숙청하여 김일성 중심의 유일 지도체제를 확립했다.

말에는 연안파를 타깃으로 한 '사상 검열'로 숙청을 마무리했다.[31]

마지막 제거 대상이었던 소련파의 숙청은 1958년 후반부터 시작됐고, 1959년에는 거의 모든 소련파가 제거됐다. 1958년 3월에 개최된 로동당 제1차 대표자회의에서 김일성은 '종파 청산'을 공식적으로 선언했고, 1961년 9월 제4차 대회에서 김일성파의 승리를 공식화했다. 이런 방식으로 한국전쟁 이후 전쟁 실패의 책임을 물어 반대파를 제거해 나갔던 김일성은 연합정부 성격이었던 북한 정치를 마감하고 1인 독재 세력을 구축할 수 있었다.

김일성은 1인 지배 체제를 합리화하고 정당화하기 위해 새로운 통치이념이 필요했고 이에 따라 주체사상이 만들어졌다. 주체사상은 1인 독재 체제를 유지하기 위한 정치목표와 정치활동의 지침을 결정해 주는 최상의 이념이며, 사회구성원 모두의 일상생활 행위준칙을 결정해 주는 규범이고, 행위의 선과 악을 가려 주는 종교와 같은 역할로 등장했다.[32]

주체사상은 처음부터 통치이념으로 등장한 것이 아니라 대내외적인 외교, 또는 정치 전략으로 등장한 '자주노선'을 통치이념화한 것이기 때문에 정착되기까지 상당한 시간이 소요됐다. 이 과정은 김일성 1인 지배 체제의 확립과정과 맥을 같이 하는데, 1955년 12월 '사상 사업에서 교조주의와 형식주의를 퇴치하고 주체를 확립할 데 대하여'라는 김일성 연설문에서 처음 '주체'라는 용어가 등장했다.[33] 이러한 주체사상은 1955년

사상에서의 주체, 1956년 경제에서의 자립, 1962년 국방에서의 자위, 1968년 외교에서의 자주로 확대됐고 1967년 10월 26일 최고인민회의에서 '공화국 정부의 10대 정강'을 통해 주체사상이 북한 정권의 정책지도이념으로 선포됨에 따라 공고화되고 체계화됐다.[34]

1950년대 후반까지 김일성 1인 체제를 공고히 하고 국내 정치에서 주체사상을 강화한 후 자주노선을 정비하던 북한은 1960년대 들어서면서 아시아·아프리카 지역의 신생독립국가들이 대거 유엔에 가입하고, 1960년 제15차 유엔총회에서 남북한 동시 초청 문제가 제기됨에 따라 대중립국 외교를 더욱 강화했다.

1961년 9월 11일 제4차 당 대회에서 김일성은 사회주의국가와의 단결, 제국주의 진영에 대한 반대투쟁, 신생독립국가에 대한 접근 등을 강조했다. 김일성은 "모든 사회주의국가들과의 호상협조와 친선관계를 부단히 발전시키는 것이 우리나라 대외정책의 확고부동한 기초를 이루고 있다."고 하면서 사회주의 국가들과의 연대를 통한 단결을 강조했다. 또 김일성은 "사회주의 역량의 장성과 함께 식민지 민족해방운동의 전례 없는 앙양과 그로 인한 제국주의 식민지 체계의 종국적 붕괴 과정은 우리 시대의 중요한 특징을 이루고 있습니다. …… 세계에서 제국주의를 반대하는 인민들의 투쟁 대열은 더욱 더 확대되고 있으며 그 역량은 부단히 장성하고 있습니다."라고 지적하면서 "평화는 저절로 오는 것이 아니라 인민들의 완강한 투쟁에 의하여

쟁취해야 한다."고 언명했다.[35]

　김일성은 신생독립국가들과의 친선협조관계의 확대 발전에 있어 제3세계 국가들의 민족투쟁과 독립획득에 많은 관심을 보였고, 북한의 제3세계 외교정책은 외교관계의 수립·발전, 친선협조관계의 발전, 민족해방투쟁지지, 연대성 강화 등 정치적 관계 증진에 역점을 두어야 한다고 강조했다.[36]

　북한은 당초 비동맹·중립노선을 표방하는 아시아·아프리카 신생국들을 기회주의적이고 서방에 기생하는 반동국가라고 비난했으나, 1955년 4월 반둥회의 이후 이들 아시아·아프리카 신생국들이 반제·반식민을 목표로 하여 단결된 힘을 과시하게 되자 '국제혁명역량' 강화책의 일환으로 비동맹국가에 대한 적극적인 접근을 시작했다.

　북한은 1961년 9월 비동맹정상회의가 발족한 것과 때를 맞추어 개최된 로동당 제4차 대회에서 아시아·아프리카 지역 비동맹 신흥국가들의 반제·반식민 운동을 적극 지지하는 한편, 이 국가들과의 연대 강화를 표방함으로써 대외활동의 주요 기조를 구체화했다. 또 북한은 신생 비동맹 국가들의 반제·반식민주의 경향에 편승하기 위해 1966년에는 소위 '자주노선'을 선언하고 이를 주체사상과 결합시켜 비동맹 원칙의 연결점으로 각색·선전했다.

　북한은 중립국 및 제3세계 국가들과의 다변외교, 중·소 분쟁의 와중에서 자주외교 노선을 채택함과 동시에 중국과 소련과의 혈맹관계를 더욱 강화하는 정책도 추진했다. 북한, 중국,

소련이 함께 하는 혈맹관계가 아니라 북한과 중국, 북한과 소련으로 이어지는 분리된 혈맹관계를 모색한 것이다. 이는 중국이나 소련이 중·소 분쟁 과정에서 유리한 고지를 점유하기 위하여 북한을 침공하는 경우 다른 쪽을 활용하여 이를 막아 보겠다는 전략으로 풀이된다. 1961년 6월과 7월 김일성은 소련과 중국을 방문하고 '조·소 우호협조 및 호상원조 조약'과 '조·중 우호협조 및 호상원조 조약'을 각각 체결하여 사실상의 군사동맹관계를 형성했다.[37)]

북한은 중국 및 소련과 등거리외교를 펼치려 했으나, 중·소분쟁이 격화됨에 따라 중국과 소련에 대한 등거리외교보다는 상황과 이익을 고려해 중국 또는 소련을 오가는 줄타기, 또는 시계추외교를 추진하지 않을 수 없게 됐다. 흐루시초프의 '평화공존' 정책으로 소련과 중국 간의 갈등이 점점 심화되고, 1962년에 발생한 '쿠바 미사일 위기'에서 소련이 미국의 압력에 굴복하자 북한은 소련에 대한 의존으로부터 탈피하기 위하여 자주노선 확립과 국방력 강화에 주력하게 됐다. 이러한 상황에서 북·소 관계는 악화됐고, 이 시기에 북한은 중국에 밀착하게 됐다.

그러나 소련에서 흐루시초프가 실각하자 그동안 극도로 악화됐던 북·소 관계가 복원되기 시작했다. 1964년 모스크바에서 열린 10월 혁명 47주년 기념식에서 북한과 새로운 소련 지도체제 간의 접촉이 있었고, 몇 차례 회담을 통해 코시긴 소련 수상의 북한 방문도 이루어졌다.

코시긴은 1965년 2월 11일부터 14일까지 북한에 체류하면서 북한의 자주노선에 대한 전폭적인 지지를 약속했고, 소련은 '한반도의 평화적 통일을 위한 조선인민의 투쟁'과 '민족해방을 위한 혁명투쟁'을 지원할 것임을 선언했다.[38] 또 코시긴 수상의 방북 이후 1966년부터 노정된 베트남전 국제지원에 대한 중국과의 견해 차이, 중국 문화혁명에 따른 극좌파의 북한 비판, 백두산 국경분쟁 등이 이어지자 중국과의 관계는 악화됐고, 북한은 소련 편향으로 선회했다.

이와 같이 북한은 중국과 소련이 서로 북한을 견인하려는 경쟁을 활용해 자율성을 제고하는 한편, 북한의 국가목표와 실리를 최대한 확보하려는 외교정책을 추진했다. 북한은 중국과 소련의 이념 분쟁이 격화되자, 이 틈바구니 속에서 생존을 위해 '내정불간섭과 호상평등'을 표방한 자주노선을 견지하면서 양국에 대한 등거리외교를 추진했다.

개방외교 : 경제난 극복과 국제사회의 참여

　공산주의 경제제도는 중앙 계획경제를 근간으로 한다. 모든 생산과 배분이 중앙정부의 계획에 의해 이루어지는 것이다. 1940년대 후반 우후죽순처럼 공산주의 국가들이 등장하던 시절에는 제2차 세계대전으로 말미암아 전 세계 경제가 최악의 상황이었다. 따라서 바닥 상황의 경제를 회복시키기 위해 중앙정부의 계획에 의한 성장이 바람직한 측면도 있었다. 그러나 경제가 어느 정도 발전한 후에는 규모가 너무 커져 중앙정부 혼자 제어하기 어렵고, 경제발전을 추동할 만한 인센티브도 제공하기 어려워졌다.

　결국 1980년대를 전후하여 공산주의 국가들의 경제발전은 한계에 도달했고, 다시 새로운 경제방식을 추구하기 시작했다. 대표적으로 중국은 1978년부터 특구를 지정하여 경제개방을 시작했고, 소련은 1985년 고르바초프 등장 이후 글라스노스트, 페레스트로이카 등 개방과 개혁을 시작했다. 북한에서도 1980년대 들어서면서 경제난의 조짐이 차츰 보이기 시작하자, 1984년 합영법을 제정하여 제한적인 개방을 모색했다. 냉전이 종식된 이후에는 1990년 나진·선봉을 중심으로 한 개방, 2001년 신의주를 중심으로 한 개방을 추진했으나 모두 성공하지 못했다.

개방의 모색 : 합영법

북한은 혁명과 해방의 관점에서 '조선혁명의 전국적 승리'라는 궁극적 외교 목표를 변함없이 견지하고, 1980년대 중반부터 제한적이나마 개방외교를 모색했다. 당시 북한이 개방정책을 표방한 데는 외국의 사례가 영향을 미친 것으로 분석되고 있다. 1970년대 데탕트 기간 동안 폴란드, 헝가리 등 동유럽 국가들이 자본주의 국가들과 상호의존도를 높였고, 1978년 중국의 개방정책 선언, 1980년대 중반 고르바초프의 등장과 함께 소련에서 시작된 글라스노스트가 큰 영향을 미친 것으로 알려져 있다. 1982년 권력승계 수업을 받고 있던 김정일은 「주체사상에 대하여」라는 논문에서 자립경제는 '문을 닫아 걸고 경제를 건설하는 것'이 아니라, '신흥세력의 나라들이 경제·기술적으로 긴밀히 협조하는 것'이라 주장함으로써 개방정책 추진의

뜻을 비쳤다.[39]

1960년대 중반부터 경제성장이 둔화되기 시작한 북한은 유럽 및 일본으로부터 대규모 차관을 들여오는 등 선진 자본주의 국가들과 경제협력강화를 시도했다. 그러나 차관을 사용한 서방진영 국가들로부터의 기계·설비·플랜트 등 자본재 도입은 1973년 제1차 석유위기에 따른 세계경제의 불황과 수출 부진으로 외채 누적, 그리고 대외신용 상실로 이어졌다. 결국 북한은 차관도입보다는 외자유치 방법인 외국인의 직접투자를 유도하기 위해 합영법을 제정했다.

북한은 1984년 9월 8일 외국과의 경제기술 교류 및 합작투자를 위한 조치로 최고인민회의 상설회의결정 제10호에 의거, 전문 5장 26개조로 구성된 합영법을 제정하고, 서방국가의 기술과 자본 유치 시도를 시작했다. 합영법의 주요 내용은 다음과 같았는데, 합작당사자는 화폐·재산·현물·발명권·기술 등을 출자하며, 그 가격은 국제시장가격에 준해 평가되고 합작회사에서 일하는 외국인이 받는 임금과 출자자의 소득에 대해서는 북한 소득세법에 의해 과세되며 소득의 일부를 해외에 송금할 수 있다는 것이었다.

합영법 제1장은 1조에서 5조까지로 기본사항 및 합영대상, 그리고 합영범위가 규정되어 있다. 제2장은 6조에서 9조까지로 합영회사의 조직, 출자대상과 범위를 규정하고 있다. 제3장은 10조에서 17조까지로 합영활동, 이사회 구성 및 외국인종업원 문제에 대해 규정하고 있다. 제4장은 18조에서 22조까지로 결산과 이윤분배, 소득세 및 국외송금에 관해 규정하고 있다. 제5장은 23조에서 26조까지로 합영회사의 해산 및 분쟁해결에 관한 내용으로 구성되어 있다. 합영법은 중국의 전국인민대표자대회(1979.7) 제5기 2차 회의에서 채택된 중외합자경영기업법을 모방한 것으로, 중국의 대외경제협력 방식을 북한의 실정에 맞게 응용하려는 의미를 가지고 있었다.

북한에서 외국자본과의 합작을 공식적으로 법제화한 것은 이때가 처음이었으며 북한 개방정책의 한 표현으로 주목을 받았다. 그러나 합영법은 법체계의 미흡, 서방기업들이 자본주의 경제활동을 할 수 있는 특구의 미설정, 개방 대상 국가들인 미국·일본 등 선진 서방국가들과의 관계개선 실패로 결국 성공하지 못했다.

합영법에 의한 외자유치 노력은 뚜렷한 성과를 거두지 못했다. 북한 기업과 조총련 회사 간의 소액규모 합영을 제외하면 서방과의 합영 실적은 거의 없었다. 1991년 말까지 조총련계 재일 상공인들이 주도한 약 70여 건의 합영 계약만이 체결됐으며, 총투자 규모는 1억 5천만 달러 정도에 불과했다. 외국기업과의 합영 실적 저조는 대외무역의 부진과 함께 북한 경제를 계속 궁지에 몰아넣었다. 합영법 제정 이래 가장 활발하게 이루어지던 조총련과 북한의 합영사업도 1990년대 중반 들어 급격히 위축됐으며, 북한에 설립됐던 총 140여개 합영회사(이중 조총련계 기업이 120개)는 1990년대 중반 20여 개로 줄어들었다.[40]

당시 합영법은 외자도입이 아니라 단순한 기술도입이 주목적이었다. 그리고 서방 자본주의 기업들과의 합영사업 자체보다는 이 법을 통해 대외교류 의지가 있음을 선전하는 데 더 큰 목적이 있었기 때문에 결국 성공하지 못했던 것이다.[41] 그러나 합영법은 종래 북한의 자력갱생 원칙에 의한 폐쇄경제 체제가 빚어낸 경제방식으로부터 대외개방 경제체제로의 전환을 뜻하는 큰 의미를 지녔다.

제2차 경제개방 : 나진·선봉 자유무역지대

1980년대 중반부터 북한은 합영법 제정 등으로 경제발전을 위한 개방을 모색했지만 결국 실패한 채 냉전종식을 맞았다. 탈냉전과 함께 북한은 체제위기에 처하게 됐고, 위기를 극복하기 위한 방안으로 1990년대 초반부터 개방외교를 다시 추진했다. 특히 탈냉전으로부터 비롯된 국제적 고립을 탈피하고 심각한 경제난을 타개하기 위해 북한은 미국·일본을 비롯한 서방 자본주의 국가에 대한 접근을 더욱 강화했다.

북한은 1988년 12월부터 1992년 12월 사이 북경에서 28차례의 참사관급 외교관 접촉을 진행하여 미국과 관계 개선을 모색했고, 1991년 1월부터 이듬해 11월 사이 8차례에 걸쳐 일본과 국교정상화회담을 개최했다. 남한과는 1990년부터 서울과 평양을 오가며 총리를 대표로 하는 고위급회담을 개최했고, 1991년 말 '남북 사이 화해와 불가침 및 교류·협력에 관한 합의서(기본합의서)'를 체결했다.

당시 체제위기에 처한 북한은 더욱 적극적인 대외경제정책을 시도했다. 제3차 7개년 계획(1987~1993) 수립 시 계획착수 이전에 비해 무역량을 3.2배로 증대시킬 것을 목표로 제시했고, 완충기(1994~1996) 과업과 연계하여 무역 제일주의 방침을 내세우고 새로운 무역체계의 도입을 모색했다. 특히 1991년 12월에 실시한 나진·선봉 자유무역지대의 특구정책과 지대 활성화 조치, 다양한 외자유치 관련 법령의 제·개정과 대규모 외자유치설명회 등은 북한이 대내외 환경 변화에 적응하기 위해 본격적으로 개방정책을 추진한 것이라 평가됐다.

합영법을 통한 개방이 실패한 이유 중 하나로 특구를 지정하지 않았기 때문이라는 지적을 받은 북한은 1990년대 들어 경제특구를 통한 개방을 모색했다. 이를 위해 북한은 나진·선봉 지역을 자유무역지대로 선정했다. 이 사업은 유엔개발계획(UNDP)의 두만강 유역 개발계획사업을 모태로 하여 추진됐다. 초기에 북한은 두만강유역 개발사업에 대해 소극적인 태도를 보였으나, 유엔에서 이 계획을 정식으로 공포한 후에는 태도가 급변했다. 적극적으로 지지하고 참여했을 뿐 아니라 두만강유역 개발사업을 북한 중심의 사업으로 만들기 위해 상당히 노력을 기울였다. 마침내 1991년 12월 28일 북한은 정무원 결정 74호로 '나진·선봉 자유경제무역지대' 설치를 공포했다.

북한이 계획한 나진·선봉 자유무역지대의 총 면적은 746제곱킬로미터였다. 당초 면적은 621제곱킬로미터였으나 1993년 9월 중국 지역과의 직접 연결을 위해 125제곱킬로미터를 확대했다. 나진·선봉의 인접 지역에는 광산자원의 매장량이 풍부한 무산철광산, 아오지탄광, 온성구리광산 등이 있었고, 북한 최대 생산력을 갖춘 중화학공장들인 승리화학연합기업소, 김책연합제철소, 선봉정유공장 등도 있었다. 그밖에 나진 조선 및 선박수리기업소, 청진종합기계공장, 청진철도공장, 나남기계공장 등 연관 공장들이 다수 있어 자유무역지대로 지정하기에 적합했다.

자유무역지대를 선정하고 본격 개방을 시작한 북한은 같은 시기에 개방과 관련된 법률도 재정비했다. 1992년 10월 5일 외자유치의 기본법이라 할 수 있는 외국인투자법을 제정하고, 1993년 1월 31일 외국투자기업 및 외국인세금법, 외화관리법, 자유경제무역지대법을 제정했다. 이어 관련 법령의 정비작업 또한 계속했다. 1994년 9월의 토지임대법 시행규정에 이르기까지 약 2년 사이 20개 내외의 대외개방 관련 법률과 규정을 제정·공포했다.

한편 1994년 1월 20일 북한 최고인민회의는 기존 합영법의 일부 조항을 수정한 새 합영법을 통과시켰다. 골자는 선진기술을 보유한 개인이나 외국기업, 경쟁력 있는 상품 생산, 사회 간접자본 건설프로젝트, 과학기술, 연구계획 분야에서 합작투자 등을 적극 추진한다는 것이었다. 새 합영법에 따라 북한은 외국합작 투자자들에게 소유권과 독자적인 경영권을 부여했다.

외국인투자법 등 새로운 외자유치 법령의 특징으로는 자유경제무역지대 설치, 외국인의 100퍼센트 투자 허용, 우대 조치

등 투자 유인 확대, 토지의 50년 임대, 세제 혜택, 이윤의 국외 송금 허용 등을 들 수 있다. 특히 세제 혜택에 있어 외국인 투자기업 및 외국인세금법 적용세율을 중국보다 낮게 책정했다.

그러나 이러한 노력에도 불구하고 외자유치 실적은 미미한 수준이었다. 1997년 12월 말까지 나진·선봉 지역에 대한 외국인투자계약 실적은 111건에 7억 5,077만 달러였으나, 실제 실행된 금액은 77건 6,240만 달러에 불과했다. 나진·선봉을 특구로 하여 추진하려던 제2차 경제개방정책도 별다른 성과를 거두지 못하고 실패로 돌아간 것이다. 실패 원인으로는 부족한 사회간접자본 시설과 불투명한 내수 및 수출 시장으로의 발전 가능성, 내부 자원의 빈곤과 최악의 대외 신용상태, 국제금융기구 미가입 등의 경제적 투자 환경 미비 등을 들 수 있는데, 사회주의 계획경제 체제의 경직성, 제한적·폐쇄적 개방 체제 고수, 불안정한 대외 관계 및 예측 불가능한 북한 내 정치 상황, 남북한 간의 대치 상태, 투자 위험에 대한 담보 장치 미흡 등이 그 단적인 예이다. 또한 남한 기업에 대한 투자 배제와 유인책 부족, 체제 우선의 소극적인 개혁·개방정책 추진도 실패의 원인으로 지적된다.[42)]

1993년 북한은 나진·선봉을 특구로 한 개방정책을 포기하고 벼랑 끝 외교를 시작했다. 핵확산금지조약(NPT) 탈퇴를 선언하고 핵카드를 적극 활용하여 체제를 유지하기 위한 외교를 추진하였다. 냉전 종식 이후 체제위기에서 벗어나기 위하여 추진한 유연한 개방외교가 체제유지에 큰 도움이 되지 않을 것이라는 판단 하에 180도 선회하여 벼랑끝 외교를 추진하기 시작한 것이다.

제3차 개방 : 신의주 특구 지정과 좌절

김일성 사망으로 권력을 승계한 김정일은 2000년까지 자신의 정권 안정을 위해 국내 정치에 총력을 기울이다가 어느 정도 정권이 안정된 2000년부터는 대외관계에 관심을 돌렸다. 2000년 들어 북한은 세 번째 개방정책을 모색했다. 특히 2000년 6월 남북한 정상회담을 전후하여 북한의 외교정책은 큰 변화를 보이기 시작했다. 기존 동맹국인 중국과의 관계를 강화하고, 미국·일본과의 관계 개선에 주력하면서 외교 영역을 유럽 지역까지 확대했다. 극도로 어려웠던 1990년대를 벗어나 체제 발전을 위한 개방외교 추진 의지를 보이기 시작한 것이다.

남북한 정상회담을 전후로 북한은 과거 적대적인 자본주의 국가들과 수교 행진을 시작했다. 호주를 시작으로 필리핀 등 동남아 국가들과 수교하고, 이탈리아와 외교관계를 수립(2000.1)한 이후 유럽연합 국가들과 수교하여, 당시 유럽연합 15개국 중 프랑스와 아일랜드를 제외한 모든 국가들과의 수교를 완료했다.[43]

미국에 대한 접근도 상당히 전향적인 모습을 보여 주었다. 북한 국방위원회 제1부위원장인 조명록 차수가 2000년 10월 미국을 방문하여 클린턴 대통령과 회담을 가진 후 '적대관계

종식' 등의 내용이 담긴 공동성명과 반테러 공동성명을 발표했다. 이어 미국의 올브라이트 국무장관이 평양을 방문하여 김정일과 회담을 하는 등 관계 개선을 위한 계기를 마련했다.

김정일은 2000년대 초반 중국을 두 번이나 방문해 북한이 가장 믿을 수 있는 동맹국인 중국과의 긴밀한 관계를 대내외에 과시했다. 김정일은 2000년 남한과의 정상회담 직전에 중국을 방문했고, 2001년 새해 벽두에는 중국의 상해를 방문하여 중국 개방의 성공을 치하하고 중국 모델을 모방하여 개방하려는 태도를 보였다. 또 2000년 푸틴의 북한 방문, 김정일의 러시아 방문을 계기로 러시아와도 과거 1980년대 이전의 관계를 복원하기 위해 노력했다.

김정일의 개방 의지는 2001년 1월 15일부터 20일까지의 상해 방문에서 명확하게 드러났다. 방문의 주목적은 중국의 경제 개방 정책과 경제 발전상을 살펴보는 것이었다. 따라서 그는 가장 먼저 상해 푸둥(浦東) 지구의 첨단산업기지, 금융·상업 시설 등을 시찰하면서 중국식 개방·개혁에 관한 현장학습을 했다. 또 상해 시의 발전상을 극찬하면서 '상상을 초월하는 변모', '천지개벽' 등의 용어를 사용하여 소감을 피력하는 한편, 상해의 발전이 "중국의 정치·경제·과학·문화 발전에서 큰 몫을 했다."고 강조했다.[44]

적극적인 개방정책을 다시 모색하기 시작한 북한 당국은 우선적으로 개방을 뒷받침할 수 있는 경제개혁 조치를 추진했다. 북한은 2002년 7월 1일 물가·임금·환율을 현실화하는 '경제관리 개선조치'를 단행했다. 7·1조치는 지난 60년 동안 북한에서 취해진 가장 획기적인 경제개혁 조치라 할 수 있다. 김정일은 2001년 10월 7·1조치의 모체라 할 수 있는 '경제관리 개선방침'을 하달했다. 이 방침에서 경제개혁의 기본 원천은 '사회주의 원칙을 고수하면서 최대 실리를 획득하는 것'이라고 밝혔다. 동시에 계획 분권화, 사회주의 물자교류시장 운용, 수익위주 기업평가, 실적주의 분배, 과학기술과 생산결합, 가격·임금 재조정, 불합리한 사회보장 정리 등과 같은 개혁 조치의 필요성을 제시했다.

시장개혁을 핵심으로 하고 있는 7·1조치의 특징은 계획의 분권화, 시장 선호를 반영한 가격 현실화, 그리고 현물 경제에서 화폐가 주요 역할을 하는 경제운영 체계로 전환한 '화폐 임금제'의 실시라고 할 수 있다. 구체적으로 기업 경영자율권 확대, 독립 채산권 강화, 식량·생필품 배급 축소 및 개별구매 확대, 물가(25배)·임금(18배)·환율 현실화도 포함했다. 당시 세계 언론들은 이 조치가 '북한 건국 이래 최대의 경제 정책적 반전'이며, '사활을 건 김정일의 거대한 도박'이라고 보도했다.[45]

북한이 취한 정책들을 보면 7·1조치는 시장개혁과 효율성 제고를 위한 조치 중에서 중간 정도의 위치를 갖고 있는 것으로 평가됐다. 시장개혁이라고 하기에는 사유재산 허용 등의 본질적인 후속적인 조치들이 시행되지 않았으며, 사회주의 체제 효율성 제고 조치라고 하기에는 종합상설시장의 육성 등 일부 급진적이고 시장개혁적인 내용들이 포함되어 있었다. 이와 관런하여 7·1조치는 북한 경제를 '개혁과 시장의 병존' 체제로 진행하게 할 것이며, 계획을 주(主)로 하고 시장을 종(從)으로 하며, 사유화와 같은 소유권 제도의 개혁까지는 연결되지 않은 채 '분권형 계획경제 메커니즘'으로 발전·정착될 것이라는 주장이 있었다.[46]

7·1조치에 이어 북한 당국은 새로운 경제개방을 추진했다. 2002년 하반기에는 신의주특별행정구(2002.9), 금강산관광지구(2002.10), 개성공업지구(2002.11)를 특구로 지정해 개방 지역을 확대했다. 2001년 1월 상해 방문 이후 김정일은 북한 경제의 회복을 위해서는 개방을 비롯한 획기적인 조치가 필요하며, 특히 '7·1경제관리 개선조치'의 성공을 위해서는 외국자본 유치를 통한 생산력의 제고가 시급하다는 사실을 인식하게 됐다. 1991년에 추진한 나진·선봉 자유무역지대 개발이 거의 실패로 돌아간 상황에서 새로운 개방 특구가 필요하게 된 것이다.

이를 위해 북한은 2002년 9월 12일 최고인민회의 상임위원회 정령을 통해 '신의주특별행정구'를 지정하고, 총 6장 101조 및 부칙 4개 조로 구성된 '신의주특별행정구 기본법'을 채택했다. 이어서 9월 23일 조선대외경제협력추진위와 네덜란드 유럽·아시아 국제무역회사 간 '신의주특별행정구 개발·관리운영 합의서'에 조인했다. 9월 24일 최고인민회의 상임위 전원회의를 개최하고 정령을 통해 양빈(楊斌) 장관을 임명하는 등 특별행정구 지정 관련 일련의 절차를 마무리했다.

경제제도 개혁이라 할 수 있는 7·1조치에 이어 북한이 추진한 '신의주특별행정구' 지정과 외국인 양빈의 초대 행정장관 임명은 실로 파격적인 대외 개방 조치였다. 무비자·무관세·무간섭의 원칙하에 특구 운영의 독립성과 투자의 안정성, 사유재산권 등의 보장을 명문화하여 특구 개발의 법적·제도적 기틀을 마련하였을 뿐 아니라, 신의주 특구를 '국가 속의 국가' 형태로 준자치국가, 혹은 하나의 별개 도시국가 성격을 갖도록 하는 계획을 수립했다.

신의주특별행정구의 초대장관으로 임명된 네덜란드 국적의 화교 기업인 양빈은 중국 어우야(毆亞) 그룹 회장이며 중국 2대 부호였다. 외국 국적의 인사를 임명한 것은 신의주특구의 독립성과 시장경제 유지에 대한 국제적 신뢰감 조성 및 화교자본과 서방자본을 유치하는 데 유리한 조건을 마련하기 위한 것으로 알려졌다.

북한이 신의주특별행정구를 지정한 이유로는 경제개혁 조치에 대한 성과를 내기 위해 외부물자 공급을 확대할 수 있는 실질적 조치가 필요한데, 체제 손상의 위험이 적고 물류유통이 활발한 중국 접경 지역을 선정하여 경제개방을 적극적으로 실시하기 위한 전략으로 풀이됐다. 북한은 신의주를 국제적인 금융·유통·첨단과학기술 및 서비스산업 중심지로 개발함으로써 경제관리 개선조치의 성과적 수행을 뒷받침하는 거점 도시로 만들고자 했던 것이다.

북한의 신의주특구 계획에 대하여 중국은 부정적인 시각을 가지고 있었다. 김정일이 2000년 6월 중국을 방문했을 때 주룽지(朱鎔基) 총리와 신의주특구 구상을 논의한 적이 있는데, 당시 주룽지 총리는 인건비와 시장 규모(판로) 측면에서 신의주보다는 개성특구를 권유했던 것으로 알려지고 있다.

중국은 완충 지역으로 남아 있어야 할 국경도시 신의주가 개방에 성공하면 중국의 단둥, 요령성, 길림성 등 동북 3성의 시장이 잠식될 것이며, 또 안보상의 문제가 발생할 가능성이 크다는 인식을 갖고 있었다. 중국이 통제하기 어려운 북한 측 국경 지역에 서방세력이 진입하는 데 대한 불안감도 반대 의견에 한몫을 했다. 결국 중국 당국이 양빈을 탈세와 회계장부 및 주가조작혐의로 전격 구속함으로써 신의주특구 구상은 중단됐다. 북한은 중국의 반대 때문에 2004년 8월 신의주특구 계획을 시작도 못하고 공식 폐기했다.

신의주특구 개발이 실패로 돌아가자 북한은 개성공단 건설을 적극 추진했다. 개성공단 건설사업은 1998년 6월 현대아산과 북측의 민경련이 서해안 공단건설사업 추진에 합의함으로써 시작됐다. 개성공단 개발은 2002년 10월 북핵 문제의 재등장에도 불구하고 매우 빠르게 진척됐다. 2003년 6월 30일 착공식을 진행한 지 1년 만인 2004년 6월 30일에 개성공단 시범단지가 준공됐다. 2004년 12월부터는 기업들이 하나둘씩 입주하기 시작하여 2011년 기준으로 123개의 한국기업이 진출하여 생산 활동을 하고 있다. 2011년 9월 개성공단의 월 생산액은 3,682만 달러를 기록했고 48,242명의 북한 작업자가 근무를 하고 있다. 이후 남북한 관계의 경색으로 금강산 관광이 중단되고 기타 교류와 협력도 거의 모두 중단됐으나, 개성공단은 큰 문제없이 유지되고 있다.

북한 개방외교의 평가와 미래

북한은 근본적인 공산주의 경제의 모순점을 해소하고 경제난을 극복하기 위해 1980년대 중반부터 개방외교를 추진했다. 북한은 '중국식 정경분리 제한개방(정경분리 하에 경제특구를 설치하여 대외개방정책을 추진하되, 주민에 대한 통제는 유지, 강화하여 정치개혁과 사회개방은 봉쇄하는 정책)'을 몇 차례 추진했지만 성공하지 못했고, 1978년부터 시작된 중국의 개방 과정에 대한 검토를 통해 개방의 절차, 범위, 속도를 결정하고 개방 추진을 위한 정당성 강화 및 대내적 제도정비를 모색했다. 또한 개방을 추진하면서 무역 활성화와 외국인 투자유치 확대, 세계은행으로부터의 차관도입을 위해 미국과의 외교관계를 수립하고 일본으로부터 수교 보상금을 받아내려는 노력도 기울였다.

1980년대 중반, 1990년대 초반, 2000년대 초반 세 번에 걸쳐 추진된 북한의 개방외교가 성공하지 못한 이유 중 하나는 국내 정치의 불안 때문이라고 할 수 있다. 특히 개방에 따른 정치적 여파와 주민들의 의식 변화를 우려한 북한 지도부의 자신감 부족이 개방의 걸림돌이 되었다. 경제난을 해결하기 위해서는 개방을 해야 한다는 당위성은 인정하면서도 개방의 후유증에 대한 두려움 때문에 극히 소극적이고 제한적인 개방만을 추진한 것이다.

향후 북한이 개방정책을 다시 추진한다면 개방에 따른 충격으로부터 체제를 보호하고 동시에 경제적인 발전을 이룰 수 있는 '국지폐쇄형 개방정책'을 추진할 가능성이 높다. 이는 개방지역과 주민의 접촉을 차단하고, 개방 지역의 성분불량 주민이나 개방 지역 주변 주민들을 이주시킴으로써 개방특구의 바람이 다른 지역으로 확대되지 못하게 하는 전략이다. 특구는 대체로 평양과 거리가 먼 곳에 지정하여 그곳부터 개방하는 점진적 개방방식을 채택할 것으로 보인다.

북한은 예전처럼 중국모델을 모방하여 개방을 시도하겠지만, 중국모델이 북한에 맞지 않다고 주장하는 학자들도 적지 않다. 그들은 중국의 개방·개혁이 중국 지도부에 의해 사전에 철저하게 계획된 정책이었던 반면, 북한의 개방은 1990년대의 경제난과 대규모 기아사태에 대한 반작용 때문에 임기응변식으로 추진된 것이라고 비교했다. 또 현재 북한의 거시경제는 극도로 불안정한 상태이며 농업 인구가 30퍼센트 이하에 불과해 개방·개혁으로 혜택을 받을 수 있는 사람들이 중국에 비해 훨씬 적다는 점 등을 지목하고 있다.

이러한 한계에도 불구하고 중국은 북한이 위기 시에 기댈 수 있는 유일한 국가이며, 북한의 대외경제에 있어서 중국과의 교역은 절대적인 위치를 점하고 있다. 북한이 개방·개혁을 시도하려면 중국의 지원이 절실한 상황이기 때문에 중국모델을 따르지 않을 수 없을 것이다. 북한의 개방·개혁은 새로 권력을 장악한 김정은의 의지에 달려 있는데, 김정은이 개방·개혁을 할 경우 결국 중국의 방식이 아니면 힘들 것으로 보인다. 과거 김정일은 2000년부터 2006년까지 네 차례 중국을 방문하여 중국 개방·개혁의 핵심 지역인 중관촌의 실리콘밸리, 북경 농업연구소, 상하이 스카이라인 등을 시찰했다. 다만 북한이 중국모델을 따라 나진·선봉, 신의주 등에 경제특구를 지정했으나 모두 실패했다는 사실은 분명히 짚고 넘어가야 할 부분이다.

북한의 개방에 있어 중국모델이 가장 매력적인 이유는 정치적으로 사회주의를 고수하면서 경제개방에 성공했다는 점 때문이다. 중국의 경우에는 개방 속도와 범위만 잘 조절하면 정치적 부작용을 막으면서도 생산성 증대와 경제발전을 도모하는 개방정책을 구사할 수 있다는 확신이 있었다. 그러나 북한은 자주를 내세우는 국가적 특성 및 자존심 때문에 내용적으로는 중국모델을 답습하면서도 형식적으로는 북한식 변형 모델을 개발할 것으로 보인다.

북한은 당분간 '강성대국' 건설에 모든 역량을 집중하면서 내부통제를 강화하고 동원을 극대화하여 대남 및 대외관계의 여건이 확보되면 북한 나름의 개방정책을 추구할 것이다. 장기적으로 북한의 개방방식은 중국식보다 더욱 체제유지적이고 점진적인 '사회주의 무역특구'와 같은 방식이 될 것이다. 개방을 할 경우 외부로부터의 정보유입 등 이념과 정치적인 영향력이 확산될 우려가 있기 때문에 이를 차단하기 위해 전체적인 경제제도는 사회주의 계획경제체제를 고수하고, 당 우위와 선군혁명 영도의 기본 원칙도 유지할 것이다.

북한은 중국과 달리 개인의 생산수단 소유를 인정하지 않을 것이고 시장조절 기능을 도입하지 않을 것이다. 따라서 북한이 다시 개방을 한다면 경제 부문에서의 민주적 개념과 시장에서의 수급 개념 등을 채택하지 않는, 국가 중심의 부분적인 개방으로 나아갈 가능성이 높다. 이와 더불어 특구와 특구의 외부를 차단하여 당성이 검증된 노동력만을 특구에 투입하고, 노동자와 정부 간에 별도 통제 관계를 유지함으로써 부정적 영향력을 봉쇄하려 할 것이다.

벼랑 끝 외교 : 체제위기 탈피를 위한 핵외교

1990년대 초반 냉전종식과 함께 체제위기에 처한 북한은 남한과의 고위급 회담, 미국 및 일본과의 관계개선 회담, 나진·선봉을 중심으로 한 개방정책 모색 등 유연한 외교를 추진했으나, 이러한 정책만으로는 경제난 타개나 국제위상 제고 등 체제붕괴 요인을 제거하는 데 별다른 도움이 안 된다고 판단하여 정책적 전환을 모색하게 된다. 그렇지 않아도 체제가 약화된 상황에서 적대적인 국가들에게 개방을 할 경우 개방의 정치적인 부작용이 체제에 어떠한 독이 될지 알 수가 없는 상황이라 개방정책 자체가 위축되지 않을 수 없었다. 특히 1989년 발생한 중국의 천안문 사태는 경제개방이 지속되면 결국 민주화 요구가 분출된다는 등식으로 북한 지도층을 경색시켰을 가능성이 높다. 결국 북한은 개방과는 정반대의 성격을 가진 '벼랑 끝 외교'를 추진하기 시작했다.

핵확산금지조약 탈퇴와 제1차 북핵 위기

북한은 체제유지를 위해 유연한 외교보다는 벼랑 끝 외교가 더 유용하다고 판단하여 경제난 타개와 체제유지를 위한 개방정책을 포기하고 강경정책으로 선회했다. 북한은 1993년 3월 12일 중앙인민위원회 제9기 7차 회의에서 "국가의 최고이익을 지키기 위한 조치로 어쩔 수 없이 핵확산금지조약(NPT)에서 탈퇴한다."는 정부 성명을 발표하고, 핵확산금지조약 탈퇴선언을 함으로써 이제 핵카드를 외교적 도구로 활용하기 시작했다.

사실 북한의 핵문제는 이전부터 국제적인 문제였다. 1985년 12월 12일 핵확산금지조약에 가입한 북한은 후속 조치인 안전협정 체결을 지연시키다가 결국 1992년 1월 30일 서명했다. 안전협정에 근거해 1992년 5월부터 1993년 2월 사이에 국제원자력기구(IAEA)가 북한을 사찰했는데, 그 결과 북한이 제출한 최종보고서의 내용과 일치하지 않은 부분이 발견됐다. 국제원자력기구는 특별사찰을 요구했고, 북한이 핵과 무관한 군사시설이라며 거부하자, 1993년 2월 25일 특별사찰 수락을 촉구하는 결의안을 채택하고 마감일을 3월 25일로 설정했다. 이에 대응해 북한은 3월 12일 핵확산금지조약 탈퇴를 선언했다.

북한은 선언 철회를 위한 전제 조건으로 ① 국제원자력기구의 공정성 확보 ② 팀스피리트 훈련 영구 중단 ③ 미국의 핵위협 포기 ④ 남한 내 미국 핵기지 완전 공개 ⑤ 핵공격 불실시 보장을 요구했다. 북한 핵외교의 본질은 미국과의 협상을 주목표로 했다. 「로동신문」 사설은 "우리의 핵문제는 유엔이 아니라 우리와 미국이 해결해야 할 문제"라고 주장했다. 이후에도 북한은 자신들의 핵문제 해결을 위해 지속적으로 미국과의 직접 협상을 제의했다.

미국은 북한의 핵개발을 저지하고 핵확산금지조약 체제를 벗어나지 못하게 하기 위해 동원할 수 있는 모든 수단을 고려했다. 북한의 핵개발 의혹 지역인 영변에 대한 군사공격을 계획했지만, 이는 한반도에 전쟁을 불러일으킬 수 있을지도 모른다는 우려로 선택하기 어려운 대안이었다. 영변 지역에 대한 미국의 공격설이 나오자 북한은 영변 지역 피침 시 남한에 대해 보복공격을 하고, 북·중 군사동맹이 발효될 것이라고 경고했다.

군사제재가 어려워지자 미국은 다시 유엔을 통한 경제제재를 모색했으나, 유엔 안보리 결의 시 거부권을 행사하겠다는 중국의 대북한 지원 선언으로 이 역시 추진할 수 없었다. 결국 미국은 북한의 핵개발 저지와 핵확산금지조약 잔류를 위해 당근 정책을 선택해야만 했다. 당시 북한은 핵확산금지조약 탈퇴를 선언하면서 북한의 핵문제를 해결하기 위한 미국과의 고위급 회담을 요구했다.

결국 미국과 북한 사이에 갈루치(Robert Gallucci) 국무부 정치군사 담당 차관보와 강석주 외무성 부부장을 수석대표로 하는 차관보급 회담이 전개됐다. 1993년 6월 개최된 회담에서 미국은 북한에 대해 두 가지를 보장했다. 첫째, 체제를 인정하고 주권 존중 및 내정불간섭을 하지 않는다. 둘째, 핵무기를 포함한 무력을 사용하지 않고 위협하지 않겠다. 사실 이는 불가침의 약속이었다. 북한은 핵확산금지조약 탈퇴를 취소하지는 않고, 언제라도 탈퇴 효력을 발생시킬 수 있도록 탈퇴 유보 조치만 취했다.

이후 1994년 6월 미국의 카터(Jimmy Carter) 전 대통령이 북한을 방문하여 김일성과 회담을 전개하고 남북한 정상회담을 주선하는 등 핵문제 협상타결의 실마리를 풀었다. 하지만 7월 초 김일성이 사망하여 북한 핵문제 타결은 주춤하는 듯했으나, 김정일 체제가 안정화되기 시작하면서 대화를 재개하여 10월 들어 북미간의 협상은 급진전됐다.

그리고 마침내 1994년 10월 21일 제네바 합의를 계기로 북한의 핵문제는 일단락됐다. 미·북 간에 합의된 내용을 살펴보면 우선 북한의 핵 활동을 동결하기 위해 미국은 경수로 및 대체에너지를 제공하기로 약속하고, 북한은 흑연감속 원자로 및 관련 시설을 동결하고 궁극적으로 이를 해체하도록 했다. 이러한 동결상태를 국제원자력기구가 감시토록 했고, 북한은 국제원자력기구에 대해 전적인 협력을 제공토록 했다. 또 양국은 5메가와트 실험용 원자로에서 추출된, 사용 후 연료봉을 북한 내에서 재처리하지 않는 안전한 방법을 강구하기로 합의했다.

북한의 핵동결 보상으로 미국은 2003년을 목표로 총발전량

약 2천 메가와트의 경수로 원자로 2기를 북한에 제공하기로 했다. 미국은 경수로 건설을 위한 국제 컨소시엄을 대표하여 합의문 서명 후 6개월 내에 북한과 경수로 제공을 위한 공급계약을 체결할 수 있도록 최선의 노력을 경주하도록 했다. 또 북한이 1980년대부터 가동해 오고 있는 5MWe(Mega Watt electric) 원자로와 건설 중인 50MWe(6개월 뒤 완공 예정), 200MWe(18개월 뒤 완공 예정) 원자로가 생산하는 양만큼의 대체에너지로 매년 50만 톤씩 중유를 공급하도록 했다. 요컨대 북한이 가동하고 있는 흑연감속로 원자로는 폐기물에서 플루토늄 추출이 용이하기 때문에 이 원자로들을 모두 폐기하고 플루토늄 추출이 어려운 경수로 원자로로 대체해준다는 합의를 한 것이다.

핵문제 해결과 동시에 북한과 미국은 원칙적으로 정치·경제적 관계의 완전 정상화를 추구하는 데 합의했다. 합의서에 서명한 후 3개월 이내 양측은 통신 및 금융거래에 대한 제한을 포함한 무역 및 투자 제한을 완화시켜 나가기로 했다. 또 전문가급 협의를 통해 영사 및 여타 기술적 문제가 해결된 후에는 쌍방의 수도에 연락사무소를 개설하고, 상호 관심사항에 대한 진전이 이루어지는 데 맞추어 대사급 관계로까지 격상시켜 나가도록 했다. 합의문에 남북한 관계에 대한 내용을 포함시킬 것인가의 여부가 막바지까지 진통을 겪은 쟁점이었는데, 결국 북한은 남북대화에 착수하는 데 합의하고, 한반도 비핵화 공동선언을 이행하기 위한 조치를 일관성 있게 취하도록 했다. 북한 핵사찰에 있어서 가장 큰 쟁점이 되어 온 특별사찰은 경수로 본체 주요 기자재 및 발전설비 등이 북한에 반입되기 전까지 실시하도록 했다.

미국의 클린턴 정부는 연착륙 정책과 대북 지원정책의 기조 하에 북한과의 관계를 발전시키고, 지원과 접촉을 통해 북한을 변화시키려는 정책을 구사했다. 북한은 핵카드를 활용하여 미국으로부터 체제 보장을 약속받았고, 다양한 분야의 지원을 받을 수 있게 됐다. 우선 미국과 동등한 위치에서 고위급(차관보급) 협상을 함으로써 1988년 테러지원국으로 지정된 오명에서 어느 정도 벗어났고, 국제적 위상을 제고시킬 수 있었다. 그리고 미국으로부터 조선민주주의인민공화국의 인정과 불가침, 특히 핵무기 사용 불가침 약속을 받아 내면서 체제 유지의 가능성을 더욱 제고시킬 수 있었다.

제2차 북핵 위기의 등장

1994년 10월 21일 제네바 합의에 의하여 북핵 문제가 일단락 된 후 북한의 핵문제는 크게 문제시되지 않았다. 클린턴 정부 기간 동안 북한과 미국의 관계도 순항했다. 그러나 클린턴 정부 이후 집권한 공화당의 부시 정부가 대북한 정책을 급선회하여 강경노선을 펼치기 시작하자, 2001년 이후 미국과 북한의 관계는 거의 원점으로 회귀했다. 부시 행정부는 김정일을 신뢰하지 못하겠다는 태도를 보이며 상호주의와 투명성을 전제로 북한과 대화하겠다는 입장을 밝혔다.

9·11테러가 발생했던 해인 2001년 12월 31일 미 국방부가 의회에 제출한 '핵태세 검토보고서(Nuclear Posture Review Report)'는 미국이 국가안보에 위협이 된다고 판단되면 선제공격을 할 것이며, 적의 공격 장소와 시간이 불분명하더라도 공격이 가능하다고 주장했다. 미 국방부는 유사시 핵무기를 사용할 수 있는 대상으로 중국·러시아·북한·이라크·리비아·시리아 등 7개국을 지목했다.[47]

부시 대통령은 2002년 1월 국정연설에서 북한·이란·이라크를 테러리스트들의 동맹국으로 인식, '악의 축(Axis of Evil)'으로 규정했다. 또 악의 축으로 규정된 국가들은 테러리스트들에게 대량살상무기를 제공할 수 있으며, 이러한 무기들은 미국의 동맹국들을 공격하는 데 사용될 수 있기 때문에 미국이 '선제공격'을 할 필요가 있다고 언급했다. 1993년 6월 강석주-갈루치 회담에서 이루어진 불가침 약속을 미국이 파기한 것이다.

미국 부시 행정부의 강경 정책으로 북한이 2000년 이후 추진한 개방 또는 전방위 외교정책도 위축되지 않을 수 없었다. 더 이상 미국과의 화해와 협력을 바탕으로 한 외교를 하기 어렵게 된 북한은 2002년 들어 다시 핵카드를 외교적 도구로 활용하기 시작했다. 2002년 10월 3일부터 5일까지 평양에서 개최된 미·북 고위급회담에서 미 대통령의 특사 자격으로 방북한 켈리(James Kelly) 미 국무부 동아태 담당 차관보는 북한의 김계관 외무성 부상에게 제네바 기본합의, 테러리즘, 재래식 무기, 미사일, 인도주의와 인권 문제 등 부시 행정부의 대북관심사를 설명했다. 또 켈리는 북한이 고농축 우라늄을 통해 핵무기를 개발하려는 비밀계획을 시작했다는 확실한 증거를 가지고 있다고 주장했다. 사실 미국은 그 이전부터 북한의 핵문제를 거론하고 있었다. 존 볼튼 미 국무부 군축 및 국제안보담당 차관은 2002년 8월 28일 방한하여 최성홍 외교부장관에게 "핵문제와 관련, 북한의 새로운 위반사항이 발견됐다."고 통보했다.[48]

새로운 핵무기 개발계획에 대해 처음에는 부인했던 북한도 하루 동안 이 문제를 숙고한 후, 다음 날 핵보다도 더한 것을 가지게 되었다며 사실을 시인했다. 당시 북한이 핵개발을 시인했는지의 여부에 대해 상당한 논란이 있었으나, 2002년 10월 25일 북한 외무성 대변인이 "우리는 미국의 가중되는 핵 압살 위협에 대처하여 우리가 자주권과 생존권을 지키기 위해 핵무기는 물론 그보다 더한 것도 갖게 되어 있음을 명백히 말해주었다."라고 공표해 핵무기 개발 계획을 사실상 시인했다. 이후 2003년 8월 제1차 6자회담에서 북한의 김영일 외무성 부상은 2002년 켈리가 방북했을 때 북한에는 비밀 핵 프로그램이 없었는데, 미국이 북한의 감정을 손상시켰기 때문에 "북한에는 일심단결을 비롯하여 더 강한 무기가 있다."고 말했다고 주장했다.[49]

부시 정부의 대북 강압정책에 대응하여 북한은 다시 핵카드를 활용하기 시작했다. 2002년 10월 25일 외무성 대변인 담화를 통해 "미국이 불가침 조약으로 핵 불사용을 포함한 불가침을 법적으로 확약한다면 우리도 미국의 안전보장 우려를 해소할 용의가 있다."면서 불가침조약 체결을 요구한 것이다.[50]

북한이 핵카드를 활용하며 새로운 벼랑 끝 외교를 시작한다고 해서 보수적인 부시 행정부가 불가침조약을 체결할 가능성은 거의 없었다. 미국은 오히려 북한을 악의 축, 핵공격 대상에 포함시키는 등 대북 압박을 강화했다. 북한은 이에 반발해 '핵억지력 강화'를 천명하는 등 팽팽하게 대립했다. 결국 미국은 2002년 11월 14일 개최된 한반도에너지개발기구(KEDO) 집행이사회에서 12월분부터 중유 지원을 중단하기로 결정했다.

이러한 제재 조치에 대해 북한은 2002년 12월 12일 외무성 대변인 담화를 통해 핵동결 해제를 선언하고 국제원자력기구에 봉인과 감시카메라 제거를 요구했다. 12월 21일부터는 동결된 실험용 원자로와 폐연료봉의 봉인과 감시장비의 제거 작업을 시작했고, 12월 27일에는 국제원자력기구 사찰단원 추방을 선언했다. 이어 12월 29일에는 핵확산금지조약 탈퇴 가능성을 시사했고, 12월 31일에는 국제원자력기구의 사찰요원을 추방했다.

이와 같은 북한의 강경자세에 대해 2003년 1월 6일 국제원자력기구는 농축우라늄 핵계획에 대한 해명, 모든 핵무기 계획의 검증 가능한 방법에 의한 폐기, 북한 내 모든 핵물질에 대한 국제원자력기구의 검증 허용 등을 촉구하는 대북 결의안을 채택했다. 이에 대해 북한은 1월 10일 핵확산금지조약 탈퇴 선언으로 응수했다. 미국이 북한을 압살하려 하고 있고, 국제원자력기구가 미국의 대조선 적대시 정책의 도구로 도용되고 있는 상황에서 '나라와 민족의 자주권과 생존권, 존엄'을 지키기 위하여 핵확산금지조약 탈퇴한다고 선언했다.[51] 이에 따라 1994년의 제네바 기본합의문은 사실상 파기됐고, 1993년 3월 이전의 상태로 돌아가게 됐다.

북한 핵문제 해결을 위한 다자적 접근

1993년 북한이 핵확산금지조약 탈퇴를 선언함에 따라 시작됐던 제1차 핵위기는 북한과 미국의 양자회담에 의하여 해결됐지만, 2002년부터 시작된 제2차 북핵 문제는 다자적 접근을 통한 해결이 모색됐다. 북경에서 개최된 북한·중국·미국이 참여한 3자회담을 거쳐, 2003년 8월부터 남북한과 미·중·러·일 6개국이 참여한 6자회담에서 그 해결을 모색하기 시작했다.

초기에는 북핵 문제 해결의 열쇠를 쥐고 있는 북한과 미국의 시각차가 워낙 커 타결점을 찾기가 어려웠다. 북한은 미국의 대북 적대시 정책 포기, 불가침 조약 체결과 핵 동결에 따른 보상을 요구했고, 미국은 '선 핵포기 후 보상' 입장을 취했다. 특히 미국은 '완전하고 검증 가능하며 되돌이킬 수 없는 핵폐기(CVID: Complete, Verifiable, Irreversible, Destroyment)'를 원칙으로 하면서 북한이 핵을 포기하기 이전에는 협상에 응하지 않겠다는 입장으로 북한을 압박했다. 양측의 주장이 평행선을 달리며 타결 조짐이 보이지 않는 상황에서 북한은 2005년 2월

10일 외무성 성명(2·10성명)을 통해 자위를 위해 핵무기를 만들었고, '자유와 민주주의를 지키기 위해 핵 무기고를 늘리기 위한 대책을 취할 것'이라고 선언했다. 핵무기 보유를 대외에 공표한 것이다.

제2차 북한 핵문제의 해결은 제1차 핵위기 때보다 시간도 더 걸리고 복잡한 과정을 거치게 됐다. 특히 6자회담이라는 다자 틀을 통한 해결을 모색하기 때문에 시간과 절차가 복잡해진 점이 협상타결 지연의 원인이 됐다. 1990년대 핵문제는 민주당 클린턴 정부의 유연한 외교에 의하여 1년 반 만에 타결할 수 있었으나, 제2차 핵위기의 해결은 공화당 부시 행정부의 강경정책 때문에 많은 어려움을 겪었다.

제2차 핵문제가 등장한지 3년 동안 별다른 해결책을 찾지 못한 채 양측은 비방 수준의 선언만 거듭하다가 2005년 중반 이후 새로운 해결책이 모색되기 시작했다. 2005년 9월 개최된 제4차 6자회담 2단계 회의에서 북핵 문제 해결의 원칙과 목표를 담은 공동성명을 발표함으로써 북핵 문제 해결의 단초를 마련할 수 있게 됐다. 9·19성명의 요지는 다음과 같다.

▶ 제1조 : 북핵 폐기 및 북한의 안보 우려 해소
- 북한의 모든 핵무기 및 현존 핵 프로그램 포기
- 미국의 북한에 대한 핵무기 혹은 재래식 무기 공격 의사 보유하지 않음
- 북한의 평화적 핵 이용 권리 보유

- 적절한 시기에 경수로 제공 문제 논의

▶ 제2조 : 관계정상화

- 미·북 상호 주권존중, 평화공존, 관계정상화 조치
- 일·북 관계정상화 조치

▶ 제3조 : 대북 국제적 지원

- 에너지, 교역 및 투자 분야 경제협력 증진
- 대북한 에너지 지원 제공 용의 표명
- 한국은 200만 킬로와트 전력 공급 제안 재확인

▶ 제4조 : 한반도 및 동북아 안정과 평화 비전 제시

- 직접 당사국 간 별도 포럼에서 한반도 평화체제
  협상 개최
- 동북아 안보협력 증진 방안 모색

▶ 제5조 : 이행원칙

- '공약 대 공약', '행동 대 행동' 원칙에 입각,
  단계적으로 상호 조율된 조치

이러한 공동성명이 발표됐음에도 불구하고 북한과 미국 간에는 해결되지 않은 문제들이 많이 남아 있었기 때문에 실질적인 화해의 바탕 위에서 핵문제 해결이 추진되지는 못했다. 9·19공동성명이 이행되기 어려웠던 가장 큰 이유는 북한 위폐 문제에 대한 의혹 및 미국의 대북 금융제재 때문이었다. 2005년 9월 16일 미 재무부는 북한이 마카오에 있는 방코델타아시아(BDA)를 통해 위조 달러 지폐를 유통시키고, 마약 등 불법 국

제거래 대금을 세탁한 혐의가 있다면서 방코델타아시아를 '돈세탁 우려대상'으로 지정, 발표했다. 이 조치는 방코델타아시아의 북한계좌에 있던 2,400만 달러의 동결로 이어졌고, 중국 등 세계 20여개 금융기관의 대북 거래 중단으로 확산됐다.

북한은 이를 미국의 추가적인 대북 경제제재 조치라고 비난하면서 2005년 11월 개최된 제5차 6자회담 1단계 회의에서 방코델타아시아 문제 해결 이전에는 핵폐기 논의에 참여하지 않을 것이라 선언했고, 이후 상호 간의 불신은 더욱 깊어만 갔다. 마침내 북한은 2006년 7월 5일 대포동 2호 1기를 포함한 7기의 미사일을 발사했다. 유엔은 안보리를 소집하여 북한의 미사일 발사를 규탄하고, 북한에 대한 미사일 및 대량살상무기 관련 물자와 재정적 지원을 금지하는 안보리 결의 1695호를 안보리 15개 이사국의 만장일치로 채택했다.

이어 2006년 10월 9일에는 북한이 핵실험을 강행, 북핵 문제를 둘러싼 위기는 더욱 고조됐다. 국제사회는 북한의 핵실험에 대해 단호하게 대응했다. 2006년 10월 15일 유엔 안전보장이사회는 대북제재결의 1718호를 채택하여 북한의 핵실험을 비난하고, 추가 핵실험 또는 탄도미사일 발사를 하지 않을 것이며 핵확산금지조약 탈퇴 선언을 철회할 것을 요구했다. 더불어 모든 핵무기와 핵 프로그램, 그리고 다른 대량살상무기와 탄도미사일 프로그램을 '완전하고 검증 가능하며 돌이킬 수 없는 방법으로 제거 또는 폐기할 것'을 요구했다.

유엔 회원국들에 대해서는 북한의 핵과 미사일 프로그램에

도움이 되는 모든 품목, 기술 등을 판매나 이전하지 못하도록 요구했다. 또한 이러한 프로그램을 지원하는 자금 및 금융자산을 동결하고, 필요시 이의 확산을 막기 위해 북한의 화물 검색 등 필요한 조치를 취하도록 요구했다. 이 제재 결의안이 통과됨에 따라 과거에는 북한의 입장에 섰던 중국에의 의존이 어렵게 되어 북한의 외교적 고립이 심화됐고, 외화벌이의 중요한 수단이었던 대외 무기거래가 큰 타격을 받게 됐다.

북한은 대체로 위기를 조장한 이후 국제사회의 압력을 받아 대화에 참여하곤 했는데 이때도 예외는 아니었다. 제2차 핵위기가 시작된 지 5년째에 접어든 2007년, 국제사회는 북한 핵문제 해결에 대한 긍정적인 시각을 보이기 시작하였으며, 특히 미국과 북한이 적극적인 접근을 시도했다. 미국의 입장에서도 2006년 중간선거에서 집권당인 공화당이 패배한 이후 북한 정권 교체를 목표로 했던 네오콘 세력의 약화와 함께 북한 핵문제를 다시 협상에 의해 해결하려는 의사를 보이기 시작했다. 2006년 11월 말 북·미 양자접촉이 이루어졌고, 12월 베이징에서 제5차 6자회담 2단계 회의가 재개되어 9·19공동성명의 이행 방안과 비핵화 초기단계 조치에 대한 집중적인 협의가 진행됐다.

미국과 북한의 6자회담 수석대표들은 2007년 1월 16일부터 18일까지 베를린에서 세 차례의 접촉을 통하여 핵문제 해결의 기초적인 합의를 이끌어 냈다. 우선 미국이 북한 측에 방코델타아시아와 관련한 금융제재를 30일 이내에 해제하기로 약속했고, 9·19성명 이행의 초기단계 행동 조치를 취하는 기간을 60일 이내로 정했다. 이어 2007년 2월 8일부터 개최된 제5차 6자회담 3단계 회의에서 북한 핵문제에 관한 '9·19성명 이행을 위한 초기 조치'를 2월 13일 합의했다. 2·13합의는 한반도 비핵화와 평화체제 구축, 동북아 평화구조 정착을 지향하는 '9·19공동성명'의 전면적 이행을 위한 제도적 기틀을 마련했다.

2·13합의는 다음과 같은 몇 가지 특징을 갖고 있었다. 첫째, 한반도 평화체제 구축을 위한 협상 일정과 논의 구조를 보다 명료하게 열거했다. 9·19공동성명과 달리 2·13합의는 포럼구성 시기와 방법론에 대한 구체적인 윤곽을 제시했다. 둘째, '핵 불능화'라는 새로운 개념을 도입했다. 핵 불능화의 개념은 북

		이행조치
초기단계	30일 이내	5개 실무그룹(W/G) 구성 및 회의 개최 • 한반도 비핵화 / 미·북 관계정상화 / 일·북 관계정상화 / 경제·에너지 협력 / 동북아 평화안보체제
	60일 이내	'궁극적 포기'를 목적으로 재처리 시설을 포함한 북한 핵시설 폐쇄 및 봉인, IAEA 사찰관 복귀 • 모든 핵 프로그램의 신고 목록 논의 • 미·북 관계 정상화를 위한 대화 개시, 테러지원국 및 적성국 교역법 대상 제외 진전 • 일·북 관계정상화 대화 개시 • 남한이 북한에 중유 5만 톤 상당 에너지 지원
다음단계	60일 이후	• 모든 핵 프로그램의 완전한 신고 • 모든 현존하는 핵시설의 불능화 • 최초 지원분인 중유 5만 톤을 포함한 중유 100만 톤 상당의 경제, 에너지, 인도적 지원 제공
기타합의		• 초기단계 이행 후 동북아 안보협력 증진을 위한 6자 장관급 회담 개최 • 직접 관련 당사국 간 별도 포럼에서 한반도 평화체제 협상

2·13합의 내용

한의 핵시설을 다시 사용할 수 없거나 다시 사용하려면 상당한 시간이 소요될 수밖에 없는 상태로 만드는 것을 의미했다. 셋째, 북한의 핵폐기 대상에 기존 핵무기가 포함되는지 여부에 대해 모호한 합의를 했다. 9·19공동성명에서는 북한이 '모든 핵무기와 현존하는 핵 계획을 포기할 것'을 규정하고 있으나, 2·13합의에서는 '모든 핵 프로그램'만을 그 대상으로 포함하고 있다. 핵무기 보유를 주장한 북한의 기존 핵무기에 대해서 어떠한 조치를 할 것인지에 대한 내용이 없다. 넷째, 2·13합의는 행동계획의 실행 과정 중에 따르게 되어 있는 대북 지원 부담에 대해서 6자회담 구성국이 '평등과 형평의 원칙'에 의하여 분담할 것을 규정하고 있다. 이는 북핵 문제가 다자적 이슈라는 점에 대한 6자회담 참여국 간 공감대가 형성된 결과라 할 수 있다.[52]

2·13합의는 미국과 북한 모두에게 어느 정도 만족한 결과를 가져다주었다. 미국은 북한의 추가 핵 활동을 통한 핵 확산을 동결시키는 단기적 목표를 달성한 반면 북한은 자국에 대한 제재 및 압력 완화, 경제적 지원 확보, 북·미관계 정상화를 위한 북·미 직접대화 채널 확보라는 결실을 보게 됐다. 2·13합의는 북핵 폐기라는 단순한 기술적 이행 외에도 북·미와 북·일 관계정상화, 한반도 비핵화와 평화체제 구축 및 동북아 평화구조 정착을 위한 정치 외교적 협상을 진행한다는 약속을 포함하는 포괄적 특성을 지녔다.

이러한 점에서 2·13합의에는 어느 정도의 진정성이 담겨 있는 것으로 평가됐다. 합의서에 나와 있는 30일 이내, 60일 이내 등의 일정은 정확히 지키지 못하더라도 합의 내용을 지키기 위해서는 노력할 것으로 예상됐다. 그러나 1994년의 제네바 합의가 8년 만에 붕괴되어 제2차 핵 위기가 등장한 점을 상기할 때, 과연 2·13합의가 얼마나 오래갈 지에 대해서는 확신하기 어려운 상황이었다.

2007년 중반 들어 실질적인 북핵 문제의 해결 조짐이 나타나기 시작했다. 미국이 방코델타아시아 문제를 해결함에 따라 동결된 북한 자금의 송금이 완료됐고, 한국 정부의 대북 중유 5만 톤 제공이 개시됐다. 이 시점에서 북한은 5개 핵시설 (5MWe 원자로, 50MWe 원자로, 200MWe 원자로, 핵 재처리 시설, 핵연료 공장)에 대한 폐쇄·봉인 조치를 개시했다. 이로써 2002년 핵문제 대두 이후 위기로 치달았던 북핵 문제에 실질적으로 진전이 이루어지는 성과를 거두게 됐다.

북한 핵문제의 교착상태 : 요원한 완전 해결의 길

2007년 중반부터 북한 핵문제 해결의 실마리가 보이는 듯했다. 그해 6월 올리 하이노넨 국제원자력기구 사무차장을 단장으로 하는 국제원자력기구 실무대표단이 북한을 방문하여 2·13합의 이행을 위한 북한 핵시설 폐쇄·검증 문제 등을 협의했다. 대표단은 영변 핵시설을 시찰한 후 "북한의 훌륭한 협조 덕에 보고 싶은 시설을 다 볼 수 있었다. 연료 공장과 방사화학

실험실을 둘러본 데 이어, 5MWe(Mega Watt electric) 원자로와 공사 중인 50MWe 원자로 등 우리가 계획했던 곳들을 전부 시찰했다."며 만족감을 표시했다.

이를 기점으로 북한 핵의 불능화 작업은 순조롭게 진행됐다. 북한은 9·19공동성명과 2·13합의를 성실하게 이행하겠다는 입장을 표명했으며, 6자회담 참가국들은 9·19공동성명과 2·13합의에서 제시된 의무를 '행동 대 행동'의 원칙에 입각하여 성실히 이행할 것을 확인했다. 또 6자회담의 국가들이 중유 95만 톤에 상당하는 경제, 에너지, 인도적 지원을 북한에 제공하기로 합의했다. 이에 대해 북한은 2007년 말까지 모든 핵 프로그램을 전면 신고하고, 모든 핵시설을 불능화하겠다는 의지를 표명했다. 또한 제2차 핵위기의 시발점이 됐던 우라늄 농축 프로그램(UEP)에 대해서도 핵계획 신고 과정에서 이에 대한 의혹을 해소할 용의가 있다고 언급했다.

2·13합의 이후, 다음 단계의 진전을 위해 6자회담 실무그룹을 중심으로 구체적인 상응 조치를 추진하기 위한 의견 조율이 이루어졌고, 이를 토대로 2007년 10월 3일 제6차 6자회담 2단계 회의를 통해 '9·19공동성명 이행을 위한 2단계 조치(10·3합의)'가 발표됐다. 10·3합의는 2·13합의 이행을 기초로 하여 이루어진 것으로써 2단계 비핵화 조치를 내용으로 했다. 한반도 비핵화는 핵시설 불능화 및 핵 프로그램 신고를 2007년 12월 31일까지 완료하는 것과 북한의 핵물질·기술을 확산하지 않겠다는 공약으로 구성되어 있다. 전반적인 불능화 과정은 미

시설	영변 5MWe 원자로	재처리시설	핵연료봉 제조공장
불능화 조치	−폐연료봉 인출 −냉각탑의 내화벽돌 제거 −제어봉 구동장치 제거	−연료봉 절단장치 제거 −핫 셀의 특정부품 파괴	−우라늄과 화학물질을 섞는 반응로 제거

핵시설 불능화 조치

국 주도 하에 추진되며, 구체적인 불능화 조치는 2주 내에 방북할 전문가 그룹의 보고를 받아 6자 수석대표회담에서 결정하도록 했다.

이에 상응하여 6자회담 참가국들은 북·미와 북·일 관계정상화 노력, 중유 100만 톤 상당의 대북 경제, 에너지, 인도적 지원을 제공할 것을 합의했다. 특히 미국은 대북 테러지원국 지정해제 과정 개시 및 적성국 교역법 적용종료 과정을 진전시켜 나간다는 공약을 상기한다고 밝혔다. 미·북 관계정상화에 있어서 '테러지원국 해제'와 '대적성국 교역법 종료' 등을 북한의 불능화·신고 조치와 병렬적으로 이행하도록 했다.

북한은 10·3합의에 따라 2007년 10월 11일부터 18일까지 북한을 방문한 미국의 핵 전문가팀과 영변 5MWe 원자로, 재처리시설, 핵연료봉 제조공장 등 3대 핵시설의 연내 불능화를 위한 기술적 방안 등을 구체적으로 협의했고, 그동안의 입장 차이를 대부분 해소했다. 3개 핵시설의 구체적인 불능화 조치 내용은 위의 표와 같다.

북한의 핵시설에 대한 불능화 작업은 어느 정도 순조롭게 진행됐고, 불능화 수준은 '북한이 핵시설을 재가동 하는 데 1

년 이상 소요될 정도'의 수준으로 결정됐다. 북핵 시설의 불능화가 추진되는 과정에서 북한은 미국 등 6자회담 참여국들에게 불능화에 대한 상응 조치를 취하도록 요구했다. 2008년 1월 4일 북한의 외무성 대변인은 "10·3합의의 시한부인 2007년 12월 31일이 지나갔으나, 핵시설의 무력화를 제외한 나머지 합의사항들의 이행은 미달됐다."고 하면서 다른 참가국들의 의무사항인 "중유와 에너지 관련 설비, 자재 납입은 절반도 실현되지 않은 상태"라고 비난했다. 북한을 테러지원국 명단에서 삭제하고, 북한에 대한 적성국 무역법 적용을 종식시키는 데 대한 미국의 의무사항도 이행되지 않은 상태라고 주장했다.[53]

이미 핵 신고를 이행했다는 북한의 주장에 대해 미국은 즉각적으로 부인했다. 미국은 북한이 최종신고서를 6자회담 의장국인 중국에 제출하기로 약속했는데 "우리는 이를 아직 받지 못했으며 여전히 기다리고 있다."면서 완전하고 정확한 핵 신고는 아직 이뤄지지 않았다고 주장했다. 이에 대해 북한은 10·3합의 이행 지연의 책임이 미국에 있으며 핵 신고와 관련된 부당한 요구를 중단하라고 비난했다. 특히 북한에 대한 제재 해제와 관련하여 미국 측의 의무를 합의된 기한 내에 이행하지 않았을 뿐 아니라, 핵 신고와 관련해서도 부당한 요구를 계속하면서 문제해결의 장애를 조성하고 있다고 비난했다.

이와 같이 서로의 약속 위반에 대한 비난 성명이 계속되는 가운데 양국의 견해 차이를 해소하기 위한 북한과 미국 사이의 접촉이 재개됐다. 2008년 4월 8일 싱가포르에서 개최된 북·

미 회담에서 10·3합의 이행에 대한 문제들을 토의하여 미국의 '정치적 보상 조치'와 북한의 '핵 신고 문제'에 있어 어느 정도 견해의 일치를 보았다. 그리고 마침내 2008년 6월 26일 북한은 플루토늄 생산량과 사용처, 영변 핵시설 목록, 사용하고 남은 우라늄 등을 적시한 핵 신고서를 6자회담 의장국인 중국에 제출했다. 예상대로 핵무기 제조에 사용된 플루토늄 양은 명시했으나 핵탄두 숫자, 핵 폭발장치, 핵무기 제조시설 등에 대한 신고는 빠져 있었다. 어쨌든 부시 대통령은 불과 몇 시간 뒤 대북 테러지원국 지정 해제 절차 착수를 발표했다. 바로 다음 날 북한은 영변원자로의 냉각탑을 폭파했고, 6자회담은 CNN, MBC 등 5개국 언론사를 초청해 이를 녹화·중계했다.[54]

남은 문제는 북핵 불능화에 대한 검증 조치의 합의 및 시행과 더불어 미국의 북한에 대한 테러지원국 명단 해제 조치가 행정적으로 최소 경과기간인 45일이 지난 2008년 8월 11일까지 발효되느냐 하는 것이었다. 그러나 그 날짜까지 북한은 미국의 테러지원국 명단에서 해제되지 않았다. 미 국무부는 8월 11일이 데드라인은 아니기 때문에 북한이 핵 검증체계 구축에 협력하여 신뢰할 만한 검증체계가 수립되면 바로 조치가 취해질 것임을 밝혔다.

테러지원국 해제 조치와 북한의 새로운 강경자세

예정일에 테러지원국 해제 조치가 이루어지지 않자 북한은 거세게 반발했다. 2008년 8월 26일 북한은 미국이 북한을 테러지원국 명단에서 해제하지 않은 것은 합의 위반이라면서 핵문제 해결에 '엄중한 난관'이 조성됐다고 주장했다. 북한의 의무 이행에 대한 검증은 남한과 그 주변에 '미국의 핵무기가 없으며 새로 반입되거나 통과하지도 않는다는 것'을 확인하는 검증과 동시에 진행되어야 하고, 그것이 바로 '행동 대 행동' 원칙이라고 언급했다.

북한은 '미국에 고분거리지 않는 나라' 명단에 그냥 남아있어도 무방하다면서 미국이 합의사항을 어긴 상황에서 북한은 하는 수 없이 '행동 대 행동' 원칙을 따른다고 밝혔고, 10·3합의에 따라 진행 중에 있던 핵시설 무력화 작업을 즉시 중단할 것이며, 영변 핵시설의 원상 복구 조치까지 고려할 것이라 경고했다. 그리고 9월 24일, 북한은 일주일 이내에 영변의 재처리시설을 재가동할 것임을 국제원자력기구에 통보했다.

북한의 강경한 자세로 인해 새로운 갈등의 조짐이 나타나기 시작했다. 당시 미국은 24시간 전에 예고하는 불시 사찰과 핵물질 및 시설에 대한 제한 없는 자유 접근, 그리고 핵 과학자들과의 면담, 시료 추출 등을 요구했는데 군부 통제 하에 있는 이러한 사찰 대상에 대하여 만족할 만한 수준의 접근과 사찰이 가능할 지는 불확실했다. 교착 상태에 빠진 핵문제를 해결하기 위해 2008년 10월 1일부터 3일까지 힐 차관보는 평양을 방문, 검증절차 등에 대해 논의했다. 이 회담에서 10·3합의에서 제시된 의무를 이행하는 문제에 대하여 대체적인 합의가 이루어졌다. 이 합의에 따라 미 행정부는 드디어 10월 11일 북한을 테러지원국 명단에서 삭제했다.

테러지원국 명단에서 제외된 북한은 여유로운 입장에서 다시 강경 자세로 회귀했다. 북한은 미국을 비롯한 5개국의 정치·경제적 보상이 미루어졌기 때문에 비핵화 일정이 어긋났다고 비판하면서 이에 따라 북한도 핵시설 무력화의 속도와 핵 신고서의 제출시기를 조절하지 않을 수 없게 됐다고 주장했다. 북한이 기존 논의 사항과 달리 검증 절차와 범위를 축소한 것은 이미 미국의 테러지원국 해제가 이루어진 상황에서 5개국의 경제보상 의무이행을 독촉하고 이행이 완료될 때까지 비핵화 2단계를 연장하려는 의도로 해석됐다.

테러지원국에서 해제된 다음 달인 2008년 11월부터 북한은 동시다발적인 강경 조치를 취하기 시작했다. 11월 12일 북한 외무성은 핵 검증과 관련하여 시료채취를 거부한다는 내용을, 군부는 12월 1일부터 1차적으로 군사분계선을 통과하는 육로통행을 제한 및 차단한다는 입장을, 북한적십자사는 대남 직통전화 중단을 발표했다. 미국으로부터 테러지원국 해제라는 선물을 받은 북한은 급할 것 없다는 입장에서 자신들이 해야 할 의무를 축소하고 외부로부터 받을 수 있는 지원을 극대화하는 전략을 선택한 것이다.

테러지원국 해제 이후 강경 자세로 회귀했던 북한은 2009년 들어서 협상보다는 핵무기 보유 방향으로 나아가는 듯 보였으며, 이는 김정일의 건강 악화와 밀접한 연관이 있는 것으로 해석됐다. 특히 외무성보다 발언권이 강화된 군부가 이러한 정책을 주도한 것으로 알려졌다. 김정일이 과거와 같이 직할통치를 통해 당, 외교부, 대남부서, 군, 보위부 등을 분리하여 지휘 통제하던 방식이 불가능해지고, 군부의 입김이 강화됨에 따라 결국은 대외적으로 강경 태도가 이어졌던 것이다. 특히 장성택이 군부의 목소리를 중시하게 되면서 외교부, 대남부서의 입지가 현저히 약화됐다.

북한은 핵무기 보유국으로 인정받기를 원했다. 2009년 1월 17일 외무성 담화를 통해 '조선반도 핵문제의 본질은 미국 핵무기 대 북한의 핵무기'라고 주장하면서 "북·미 관계가 개선된다 해도 미국의 핵위협이 조금이라도 남아 있는 한 북한의 핵 보유 지위는 추호도 달라지지 않을 것"이라고 했다. 미국과의 관계 개선에는 적극적으로 나서겠으나 핵 포기는 관계정상화 이후 군축 차원에서 다루어야 한다는 입장을 제시했다. 6자회담의 비핵화 3단계인 동결(shutdown), 불능화(disablement), 폐기(dismantlement) 단계에서는 핵시설과 핵 프로그램을 다루고, 핵무기는 4단계인 제거(elimination) 단계에서 핵군축 협상 차원으로 다루겠다는 전략이었다. 이 또한 북한은 미국의 대북 적대시정책 포기, 한국에 대한 핵우산 제거, 한미동맹 파기를 전제조건으로 했다.

이후 북한은 위성발사와 핵실험을 감행하여 상황을 더욱 악화시켰다. 2009년 4월 5일 위성을 발사하여 유엔 안보리의 제재를 받은 북한은 5월 25일에 제2차 핵실험을 실시했다. 북한의 핵실험 이후 유엔 안보리는 북한을 제재하는 안보리 결의 1874호를 채택했는데 그 내용은 무기금수 및 수출 통제, 화물 검색, 금융·경제 제재 및 기타 내용으로 구성됐다. 북한은 안보리 결의안이 통과되자 '민족의 존엄과 나라의 자주권'을 지키기 위하여 다음과 같은 선언으로 대응했다.

첫째, 현재 폐연료봉은 총량의 3분의 1 이상이 재처리됐으며, 새로 추출되는 플루토늄 전량을 무기화할 것이다. 둘째, 우라늄 농축 작업에 착수할 것이며, 자체 경수로 건설이 결정된 데 따라 핵연료 보장을 위한 우라늄 농축 기술 개발이 성과적으로 진행되어 시험단계에 들어섰다. 셋째, 미국 등이 봉쇄를 시도하는 경우, 전쟁 행위로 간주하고 단호히 군사적으로 대응할 것이며 '제재에는 보복으로, 대결에는 전면 대결'로 맞서 나가는 것이 북한의 선군사상에 기초한 대응방식이다.[55]

북한의 반발 성명은 핵포기 절대불가, 대미 전면대결 선포, 우라늄 농축 착수 등 매우 강경한 성격을 보여 주었다. 이를 통해 북한은 미국에 대한 압박을 강화함과 동시에 체제 내부의 결속을 다지려는 의도를 가지고 있었다.

2009년 7월 16일 유엔 안보리 제재위원회는 북한 핵실험 및 미사일 발사와 관련된 제재 대상으로 5개 북한 단체와 기업, 5명의 북한 인사, 2개의 물품 등 제재대상을 확정했다. 제재위원회가 확정한 블랙리스트는 핵과 미사일 프로그램 개발 및 거래에 직접 연루된 인물이나 회사를 포함했다. 이와 같은 제재 조치로 북한의 주요 외화벌이 수단인 미사일 및 부품 등의 거래가 상당히 위축됐다. 북한의 기업·단체·물품 등이 제재대상으로 지정됨에 따라 세계 각국의 정부와 기업은 이 제재대상 기업·단체와 거래하지 못하게 됐으며, 제재대상 인사의 입국을 금지시켜야 했다.

또 미국은 독자적으로 대북 경제제재를 가했다. 미국은 대북 제재 TF(Task Force)팀을 구성하고, 북한이 핵 프로그램을 되돌릴 수 없도록 해체하지 않는 한 제재는 계속될 것이라고 경고했다. 실례로 대량살상무기 관련 물자를 선적한 것으로 의심받은 '강남호'를 미국의 이지스 구축함 '존 메케인호'가 추적하여, 결국 목적지로 예상되던 미얀마에 들어가지 못하고 북한으로 되돌아가도록 했다. 미국은 말레이시아의 북한 계좌에 대한 제재 조치에 착수하였으며, 모니터링의 신뢰 부족을 이유로 북한에 더 이상 식량제공을 할 계획이 없다는 점을 밝혔다.

결국 북핵 문제 해결을 위한 다자적 접근인 6자회담은 파국의 상황을 맞게 됐다. 2009년 7월 김영남 최고인민회의 상임위원장은 이집트에서 개최된 비동맹 정상회의에 참석하여 한반도 비핵화를 위한 6자회담은 영원히 종말을 고했다고 주장했다. 또 한반도 정세는 '북한을 압살하려는 미국의 뿌리 깊은 적대시 정책'으로 대결국면에 접어들었다고 하면서 북한에게 있어 "자주권 존중과 주권 평등의 원칙이 없는 대화와 협상이란 있을 수 없다."고 단언했다. 북한은 2009년 7월 23일 태국에서 개최된 아세안 지역 안보포럼(ARF) 회의에서도 6자회담이 유엔 안보리에 의해 종말을 맞았음을 선언했다. 결국 6자회담은 수년 동안 개최되지 못한 상태에 놓이게 됐다.

2011년 말 김정일의 건강이 점점 더 악화되어 가는 상황에서 북한과 미국 사이에 6자회담을 재개하기 위한 협상이 진행됐다. 2011년 12월 15일 북경에서 개최된 북·미 협상에서 북한은 영변의 우라늄 농축 시설을 동결하고 이를 확인하기 위한 국제원자력기구 사찰단의 방북을 허용하기로 하는 등 6자회담 재개를 위한 미국의 요구사항을 수락하는 태도를 보였다. 그리고 미국은 이에 대한 보상으로 24만 톤의 영양 지원을 하기로 약속했다. 그러나 며칠 후 김정일이 사망했고, 북한의 대외관계는 일시 중단되고 말았다. 2012년 2월 23~24일 북한과 미국은 베이징에서 제3차 고위급회담을 개최하였고, 여기서 논의한 내용은 북한이 우라늄 농축 프로그램(UEP)을 포함한 영변의 핵 활동과 핵실험, 장거리 미사일 발사를 잠정 중단하고, 이에 대한 보상으로 미국이 24만 톤의 영양강화식품을 전달하는 것이었다. 그러나 북한은 며칠 후 위성을 발사하겠다는 선언을 하여 국제사회의 비난을 사고 있다. 북한의 대외정책은 아직 확고하게 방향을 잡지 못하고 있는 것으로 판단된다.

맺으며

북한의 외교는 다른 나라에 비해서 기복이 매우 심한 편이다. 냉전시대에는 공산진영에 포함되어 진영외교를 추진하면서도 중·소 분쟁의 와중에 자주외교를 추진했다. 당시의 외교는 다른 이름으로 '등거리외교' 또는 '시계추외교'라 불리기도 했다. 냉전이 끝나고 체제위기에 직면하여 '개방외교'와 '벼랑 끝 외교'를 적절하게 구사하며 먹고사는 문제를 해결하기 위해 매진했다.

이렇게 주도면밀한 북한의 생존외교에는 국제법에 위반되는 측면도 있고, 비윤리적인 모습도 있으며 합리적이고 상식적인 기준에서는 이해가 되지 않는 부분도 있다. 제3자가 보기에는 이해가 안 되는 부분이지만, 국가 운영에 필요했기 때문에 북한도 그러한 외교를 펼쳤을 것이다. 외교정책을 결정할 때 국제법, 국제윤리, 국가이익이 충돌할 경우 어느 국가라도 국가이익을 우선시한다. 특히 국가가 위기에 처했을 경우 위기를 탈피하기 위한 외교수단은 비합법적이고 비윤리적인 경향을 보이는 경우가 많다.

탈냉전 이후 '개방외교'와 '벼랑 끝 외교'를 순환적으로 구사하고 있는 북한을 들여다보면 몇 가지 의문점이 생긴다. 1990년대 초반 나진·선봉 자유무역지대를 선정하고 개방을 추진하던 북한이 왜 갑자기 1993년 3월 핵확산금지조약 탈퇴 선언을 하고 벼랑 끝 외교로 전환했을까? 당시 개방을 지속했다면 어떻게 됐을까?

1990년대 초반 체제위기에 직면해 붕괴를 피할 수 있는 다른 대안이 없었기 때문에 결국 개방을 택했지만 그 나름대로 불안요소가 잠재하고 있었을 것이다. 북한이 개방을 포기할 수밖에 없었던 가장 큰 이유는 개방이 가져다 줄 정치적인 반작용의 위험 때문이었을 것이다. 1989년 중국에서 발생한 천안문 사태는 개방의 여파로 발생한 민주화 운동이었고, 북한 지도층에서도 개방 후에는 중국과 같은 부작용이 생길 수밖에 없다는 점을 우려해 결국 개방을 포기한 것으로 분석된다. 그리고 1980년대 후반 테러지원국 지정 등 국제위상이 크게 하락한 상황에서 개방을 하기 위해서는 유연한 외교를 해야 하는데, 서방측에서는 이를 북한의 저자세 외교로 받아들이게 될 것을 우려했을 것이다. 또 이러한 상황에서 개방을 하더라도 성공할

지에 대해 자신도 없었을 것이다.

그래서 벼랑 끝 외교를 택하게 됐고, 국제법 위반이라는 비판은 받았지만 북한은 결국 많은 것을 획득했다. 미국과 대등한 위치에서 고위급 협상을 하여 체제위상이 제고됐고, 미국으로부터 체제인정과 불가침 약속까지 받아냈다. 또 핵동결의 보상으로 에너지 지원도 받았고, 일부 경제제재 해제의 성과를 거두었으며 미국과 한반도 문제를 협상하고 논의하는 기회까지 가지게 됐다.

북한의 개방과 벼랑 끝 외교는 2000년대 들어서도 10년 전과 동일한 방식으로 되풀이됐다. 2000년대 초반 신의주 개방을 모색하다 포기했고, 2002년에는 제2차 핵위기를 불러일으켰다. 1994년의 제네바 합의처럼 미국으로부터 많은 양보를 받고 북한체제 유지에 도움이 되기를 기대했으나, 이번에는 여러가지 이유로 해결이 되지 않고 있다. 물론 미국으로부터 테러지원국 해제라는 큰 선물을 받았지만 핵문제가 풀리지 않은 상황이라 그 이상의 이득은 얻어내기 힘들어 보인다.

더구나 2011년 12월 김정일이 사망하여 북한의 대외적인 활동은 거의 중단되는 상황까지 초래됐다. 김정일은 1994년 김일성 사망 시에도 국내적으로 자신의 정권을 안정시키기 위해 2000년까지 외교활동을 접어두었다. 강성대국 및 선군정치를 기반으로 하여 자기 정권을 공고히 한 후, 2000년 남북한 정상회담을 기점으로 다시 외교정책을 적극 추진하기 시작했다.

대체로 사망한 독재자의 권력을 승계한 지도자들은 외부 문제를 조속히 해결하고 내부 정권 안정을 모색하는 것이 통례이다. 1953년 스탈린의 사망 시 권력을 장악했던 말렌코프는 내부 안정을 위해 복잡한 대외 문제를 해결하는 데 주력했다. 이에 따라 2년을 끌던 한국전쟁 휴전협상을 끝낸 것이 그 단적인 예다.

김정일의 권력을 승계한 아들 김정은도 당분간 대외적인 활동보다는 대내적으로 자기 정권의 공고화에 더 힘을 쏟을 것으로 보인다. 그러나 중요한 과제는 미해결 상태인 핵문제를 어떻게 해야 하느냐이다. 김정일은 1994년 7월 김일성이 사망하고 3개월 뒤인 10월에 제네바 합의를 함으로써 일단 핵문제를 해결했고, 그 상태에서 국내 정권 안정에 힘을 쏟았다. 마찬가지로 김정은도 핵문제에 대해 잠정적인 해결 방안을 우선 모색할 가능성이 있다.

김정일 사망 직전에 6자회담 재개를 위한 북한과 미국 사이의 대화가 있었다. 6자회담 재개의 보상으로 미국이 북한에 영양 지원을 하기로 합의까지 했다. 따라서 위성을 발사하겠다는 선언을 하여 국제사회를 긴장시키고 있지만, 결국 김정은 체제는 6자회담의 재개에 동의하고 과거 9·19공동성명, 2·13합의, 10·3합의에 나와 있는 원칙들을 논의할 가능성이 크다.

주

1) "강성대국", 「로동신문」 정론, 1998년 8월 22일, "위대한 당의 령도 따라 사회주의강성대국을 건설해나가자", 「로동신문」 사설, 1998년 9월 9일.

2) 철학연구소, 『사회주의 강성대국 건설사상』, 사회과학출판사, 2000, p.39.

3) 정성임, "북한의 '선군정치'와 군의 역할", 『국방연구』, 제47권 1호, 2004, p.114.

4) 「로동신문」, 1999년 6월 16일.

5) 차두현, "북한 헌법개정에 투영된 정치구도 분석", 『KIDA: 동북아 안보정세분석』, 2009년 10월 7일, pp.3~4.

6) 임수호, "최근 북한의 식량사정과 시사점", 『삼성경제연구소: Issue Paper』, 2009년 10월 6일, p.2.

7) KDI, "KDI 북한경제리뷰", 2007년 5월호.

8) 『조선로동당 규약』 전문.

9) 통일원, 『1995 북한개요』, p.408.

10) 『조선중앙년감』, 1981, pp.66~67.

11) 『조선중앙년감』, 1992, pp.525~527.

12) 통일부, 『2008 북한개요』, 2008, p.126.

13) 철학연구소, 『사회주의 강성대국 건설사상』, 사회과학출판사, 2000, pp.34~36.

14) 리진규, 『21세기-김정일시대』, 평양출판사, 1995, p.412.

15) "자주·평화·친선의 이념을 구현하는 것은 우리 공화국의 변함없는 입장", 평양방송 보도, 2008년 1월 7일.

16) '북한정권 수립 당시의 북한 내 세력구조에 대하여'는 김계동, 『한반도의 분단과 전쟁: 민족분열과 국제개입·갈등』, 서울대출판부, 2000을 참조할 것.

17) Gye-Dong Kim, Foreign Intervention in Korea, Dartmouth Publishing Company, 1993, pp.119-127.

18) Kathryn Weathersby, "New Findings on the Korean

War", CWIHP(Cold War International History Project), p.2, 28.

19) David Dallin, Soviet Foreign Policy After Stalin, J. B. Kippincott Co., 1962, p.62, Robert Scalapino and Chong-Sik Lee, Communism in Korea, University of California Press, 1973, p.393.

20) Evgueni Bajanov, "Assessing the Politics of the Korean War, 1949-51", CWIHP, p.2, Kathryn Weathersby, "New Findings on the Korean War", p.28, 박명림, 『한국전쟁의 발발과 기원 I』, 나남출판, 1996, p.93-97.

21) Kathryn Weathersby, "New Findings on the Korean War", CWIHP, pp.23-24.

22) Kathryn Weathersby, "New Russian Documents on the Korean War", CWIHP, pp.11-14.

23) Kathryn Weathersby, "Soviet Aims in Korea and the Origins of the Korean War, 1945-50: New Evidence from Russian Archives", CWIHP, Working Paper #8, p.30, 박명림, 『한국전쟁의 발발과 기원 I』, 나남출판, 1996, p.145-150.

24) Kathryn Weathersby, "Soviet Aims in Korea and the Origins of the Korean War, 1945-50: New Evidence from Russian Archives", CWIHP, p.28.

25) Evgueni Bajanov, "Assessing the Politics of the Korean War, 1949-51", CWIHP, pp.3-4.

26) Kathryn Weathersby, "New Findings on the Korean War", CWIHP, p.6.

27) 김계동, 『한반도의 분단과 전쟁: 민족분열과 국제개입·갈등』, 서울대출판부, 2000, p.360-371 참조.

28) 평화 5원칙은 '영토주권의 상호 존중, 상호 불가침, 내정 불간섭, 평등 호혜, 평화적 공존' 등이다.

29) 『조선로동당 제3차대회 주요 문헌집』, 조선로동당 출판사, 1956, p.12.

30) 안드레이 란코프, 김광린 옮김, 『소련의 자료로 본 북한 현대 정치

사』, 오름, 1995, p.119-120.

31) 서대숙, "정권수립과 변천과정", 『북한개론』, 을유문화사, 1990, p.74, 이종석, "김일성의 '반종파투쟁'과 북한권력구조의 형성", 『역사비평』, 1989년 가을호, p.260-261, 권혁범, "북한정권의 수립 및 전개 과정", 『북한외교정책』, 서울프레스, 1995, p.39.

32) 이상우, 『정치이념, 사회변화와 대남정책』, 법문사, 1996, p.294.

33) 이 연설문은 김일성이 한국전쟁의 실패에 대한 문책을 피하기 위해 발표한 것이었다. 전쟁 실패 이후 정치적 인책론이 제기될 것을 예상한 김일성은 그 책임을 박헌영 및 남로당계에 뒤집어씌우고, 정적(政敵)이었던 소련파와 연안파를 견제·제거하기 위해 '주체'라는 용어를 사용하였다.

34) 김갑철·고성준, 『주체사상과 북한 사회주의』, 문우사, 1988, p.79-86.

35) 김일성, 『김일성 저작선집』 3권, 인민출판사, 1968, p.194-197.

36) 김일성, 『김일성 저작선집』 3권, 인민출판사, 1968, p.194-197.

37) 『조선중앙년감』, 1962년.

38) 「로동신문」, 1964년 2월 11일, 『민주조선』, 1965년 2월 16일, 정진위, 『북방삼각관계』, 법문사, 1985, p.130.

39) 김정일, "주체사상에 대하여", 『김정일선집』 제7권, 조선로동당출판사, 1986.

40) 동용승·서양원, 『남북경협: 이렇게 풀자』, 삼성경제연구소, 1995, p.16, 배종렬, "북한 외자정책과 대북투자 활성화 방안", 『통일문제연구』, 제6권 1호, 1994년 여름, p.138.

41) 이정철, "북한의 개방 인식 변화와 신 자력갱생론의 등장", 『현대북한연구』, 9권 1호, 2006, pp.22-23.

42) 남궁 영, "북한 경제 개방 정책의 한계와 가능성", 『통일경제』, 1997년 7월, pp.50-76, 홍순직, 『나진·선봉 지대의 투자 환경 평가와 진출 전략』, 현대경제사회연구원, 1997년 9월.

43) 김계동, 『북한의 외교정책: 벼랑에 선 줄타기 외교의 선택』, 백산서당, 2002, pp.285-291. 2011년 기준 현재 북한은 EU 27개국 중 유일하게 프랑스와 수교를 하지 않은 상태이다.

44) 통일부, 『북한동향』, 제522호, 2001년 1월 13일~1월 20일, pp.6-

7.

45) 「New York Times」, September 25, 2002.

46) 조동호, "변화하는 북한경제 평가와 전망", 『수은북한경제』, 2004
   년 여름호, p.21.

47) 이대우, "신 세계질서: 미국의 패권", 『신 세계질서와 동북아 안
   보』, 세종연구소, 2004, pp.33-37.

48) 「연합뉴스」, 2004년 10월 14일.

49) 검증되지는 않았으나 통역의 실수로 '북한에 핵 프로그램이 있다.'
   는 내용으로 와전되었다고 북한이 주장하였다는 설도 있다.

50) 「연합뉴스」, 2004년 10월 15일.

51) 윤태영, "북한 핵문제와 미국의 '강압외교': 당근과 채찍 접근을
   중심으로", 『국제정치논총』, 제43집 1호, 2003년.

52) 김연수, "2·13합의'와 북핵 문제 전망", 『월간 u-안보리뷰』, Vol.
   15, 2007년 4월 15일, pp.2-3.

53) 『조선중앙통신』, 2008년 1월 4일.

54) 홍현익, "북핵문제 최종 해결과정의 쟁점과 해결방안", 『세종정책
   연구』, 2008년 제4권 2호, p.56.

55) 북한 외무성 성명, 2009년 6월 13일.

북한의 외교
먹기 위한 개방, 살기 위한 핵외교

펴낸날   초판 1쇄 2012년 4월 17일

지은이   **김계동**
펴낸이   **심만수**
펴낸곳   (주)살림출판사
출판등록 1989년 11월 1일 제9-210호

경기도 파주시 문발동 522-1
전화 031)955-1350   팩스 031)955-1355
기획·편집 031)955-4662
http://www.sallimbooks.com
book@sallimbooks.com

ISBN   978-89-522-1793-6   04080

※ 값은 뒤표지에 있습니다.
※ 잘못 만들어진 책은 구입하신 서점에서 바꾸어 드립니다.

책임편집 **최진**